GDPで日本を超えた！

のんびり稼ぐドイツ人の幸せな働き方

長く休んで、短く働き、多く稼ぐ。
超時短国家の秘密

熊谷 徹

ぱる出版

まえがき

２０２３年、日本は世界第3位の経済大国の地位をほぼ半世紀ぶりにドイツに奪われた。

このニュースは、多くの日本人を驚かせた。その理由は、ドイツの人口が日本よりもほぼ3分の1少ないからだ。我々は日本よりも小さい国に追い抜かれた。もう一つは日独間の働き方の違いだ。ドイツ人の労働時間は日本人よりもはるかに短く、休暇もたっぷり取る。２～３週間の長期休暇をとることは、常識だ。１日当たり10時間を超える労働は法律で禁止されている。日曜日や祭日に会社や店で働くことも禁止されている。ドイツの多くの町は、日曜日や祭日には「ゴーストタウン」みたいになる。病気や怪我で休んでも、6週間までは完全に給料が出る。多くの日本人が、「日本人は長期休暇も取らず、夜遅くまで残業しながら一生懸命働いている。それなのに日本の名目ＧＤＰが、ゆったり働く時短国家ドイツに抜かれたのは意外だ」と感じた。

「日本がドイツに抜かれた」というニュースが最初に報じられた時、日本の新聞社や放送局は、「２０２３年のドイツのインフレと円安が原因」という見方を前面に押し出した。しかしこうした報じ方は、ややミスリーディングだ。つまり誤解を生みやすい。

確かにインフレと円安も順位逆転の一因だ。しかしさらに重要な理由は、日本のバブル崩壊以来、ドイツの成長率が日本を上回ったことである。ドイツの名目GDPは約30年をかけて日本に肉迫した。そして2023年のドイツのインフレと円安が「ダメ押し」のように作用して、日独の順位を逆転させた。つまりドイツに抜かれた真の原因は、バブル崩壊以降の日独経済の成長率と労働生産性の違いにある。

私たちは長い間、「プライベートな時間を犠牲にして真面目に長時間働けば、仕事の成果や会社の業績、自分の給料が増え、国のGDPも増えるだろう」と考えてきた。しかし私はドイツに34年間住んでみて、この日本的な考え方が通用しないことに気づいた。ドイツ人の働き方は、日本人と根本的に異なる。

ドイツ人は、仕事をする時に能率や効率性を我々日本人よりも重視する。無駄な会議、費用をカバーする十分な見返りが期待できない仕事を嫌う。そういう仕事には初めから時間や労力を投入しない。この結果、日本の1時間当たりの労働生産性はドイツに常に水を開けられてきた。この生産性の格差も、名目GDPの順位逆転に一役買っている。

さらに私たちにとってショックなのは、過去30年間に日本の平均賃金が下がったのに対し、ドイツの平均賃金が大幅に上昇したということだ。国民の幸福度や豊かさを示す市民一人当たりの名目ＧＤＰでも、ドイツは日本に大きく水を開けている。**ドイツ人たちは日本人よりも短く働いて、日本人よりも多く稼ぐ。私たちはドイツ人よりも必死に働いているのに、肝心な賃金が下がった他、名目ＧＤＰまで抜かれてしまった。**

日独間の順位逆転劇をきっかけにして、私たち日本人は働き方を見直すべきではないだろうか。もちろん日独間の商慣習、法律制度、ビジネス慣習の違いなどがあるので、ドイツ人がやっていることをいきなり１００％コピーしても、日本ではなかなか成功しないだろう。ただし**ドイツ人の働き方の中には、日本でも応用できる点がいくつかある。ドイツ人の働き方の内、日本でも使える点を選び出して、少しでも仕事の効率性、生産性を高めてはどうだろうか。**

人生は一度しかない。読者のみなさんが、個人生活と仕事のバランス、つまりワークライフバランスを少しでも改善することができればと思い、この本を書くことにした。

２０２４年12月　ミュンヘンにて

熊谷　徹

注・為替レートは１ユーロ＝１６０円で統一しています。

目次

GDPで日本を超えた！ のんびり稼ぐドイツ人の幸せな働き方
長く休んで、短く働き、多く稼ぐ。超時短国家の秘密

まえがき……3

第1章 なぜドイツの名目GDPは、55年ぶりに日本を抜いたのか

日本の名目GDPが第4位に転落……14
日独逆転の原因はドイツのインフレと円安だけではない……15
バブル崩壊後、日独の成長率が逆転……17
日本の1人当たり名目GDPがG7で最下位に転落……22
日本を大きく上回るドイツの賃金水準……25

2010年以降ドイツの成長率を伸ばしたシュレーダー改革 27
「市民の身を切る改革」をSPDの首相が断行 30
シュレーダー改革が労働費用の伸び率を抑えた 33
日独の経常収支の差が拡大 36
ドイツの中国貿易の拡大も一因 37
日本を大きく上回るドイツの労働生産性 40
ドイツのインフレと円安が「ダメ押し」 43
円安が日本の名目GDPを引き下げた 45
日独逆転を、働き方を見直すきっかけにするべきだ 49

第2章

ドイツは世界最大の時短国家。働き過ぎを防ぐ仕組みは？

短い労働時間でも経済が回る国 52

ドイツの銀行で「個人の時間を重視する働き方」を目撃 53
世界で最も労働時間が短い国 59
法律で労働時間を厳しく規制 65
長時間労働をさせる企業には最高500万円の罰金 66
労働時間が長い会社には優秀な人材が集まらない 70
1年に30日間の有給休暇 73
ドイツの試用期間直後の有給休暇日数は、日本の3倍 76
ドイツの平社員の有給休暇消化率は100% 78
ドイツ人が有給休暇を100%消化できる理由 80
休むことに罪悪感を持たない 81
「アリとキリギリス」の呪縛 83
傷病休暇と有給休暇は別 88
有給休暇と病欠の混同はやめるべきだ 90
モラル・ハザードをどう防ぐか 93
2～3週間の休暇は常識 95
無給で半年休むサバティカル制度も 99

教養を深めるための休暇も可能 102
産休・育休にも日独間に歴然たる違い 104
退職金の代わりに、4年間の有給休暇 106

第3章

ドイツのワークライフバランスは日本を上回る

みんなが休むための合意がある国 114
顧客のサービス期待度が日本よりも低い 117
宅配便の再配達がない国 119
サービス砂漠だから、みんなが休める 123
日本でもサービスレベルを下げるべきではないか 125
短時間で成果を生む社員が評価される 129
ドイツ社会の個人主義も一因 131
様々な労働形態 135
残業が多い社員は無能と見なされる 137

遵法精神が強い 138
会社で仕事ばかりしていると離婚される 141
夏休みの宿題は法律で禁止！ 143
ドイツ社会のヒューマンな側面 145
ドイツでは過労自殺が問題になっていない 147
ドイツの自殺率は、日本よりも大幅に低い 149
「仕事は生活の糧のため」と割り切る人が多い 151
時短と休暇がもたらす心の余裕 154

第4章

コロナ後、ドイツ人の働き方はどう変わったか

今も4・3人に1人がテレワーク 158
家事の負担を夫婦で分かち合う 164
会社側は、出社率の引き上げに必死 166
テレワーク議論が訴訟に発展 167

第5章 ドイツはさらに時短を目指す・週休3日制への模索

週休3日制をめぐる議論 173
週休3日制はストレスを減らす 174
デジタルウォッチでストレス時間を計測 175
企業経営者は猛反対 178
週休3日制について活発な議論 180
欧州各国が週休3日制を模索 183

第6章 日本でもできる、時短のためのヒント

さらば属人主義! 187
長期休暇を取るには共有ファイル設置が第一歩 189

休みの時の「代理人」確保も重要 191
管理職には顧客対応システム構築の責任がある 192
休暇中には会社のメールを読まない 193
社内メールはできるだけ少なく 194
生成AIの活用で労働生産性アップ 197
スーパー時間管理のススメ 198
成果主義の重視 201

あとがき 203

参考資料 206

組版・本文デザイン：松岡羽（ハネデザイン）

第1章

なぜドイツの名目GDPは、55年ぶりに日本を抜いたのか

日本の名目GDPが第4位に転落

国際通貨基金（IMF）が「日本の2023年の名目GDPはドイツに抜かれて、第4位に転落する」というショッキングな予測を最初に公表したのは、2023年10月10日だった。IMFは約6ヶ月後の2024年4月21日に公表した統計（WEO＝世界経済見通し・2024年4月版）の中で、順位の逆転を確認した。

IMFによるとドイツの2023年の名目GDPは4兆4574億ドルで、米国・中国に次いで第3位となった。日本は4兆2129億ドルで第4位に転落した。ドイツの名目GDPは、日本を5・8％上回った。IMFによるとドイツの2023年の名目GDPは前年比で9・1％増え、日本の名目GDPは前年比で1％減った（図表1－1参照）。

1968年には日本の名目GDPが西ドイツ（当時）を追い抜いて、世界第2位になった。日本の名目GDPは2010年に中国に追い抜かれて世界第3位に転落したが、それから13年後の2023年には第4位に下落した。55年ぶりに、日本とドイツの順位が入れ替わったのだ。

図表1-1　55年ぶりにドイツが日本を追い抜いた

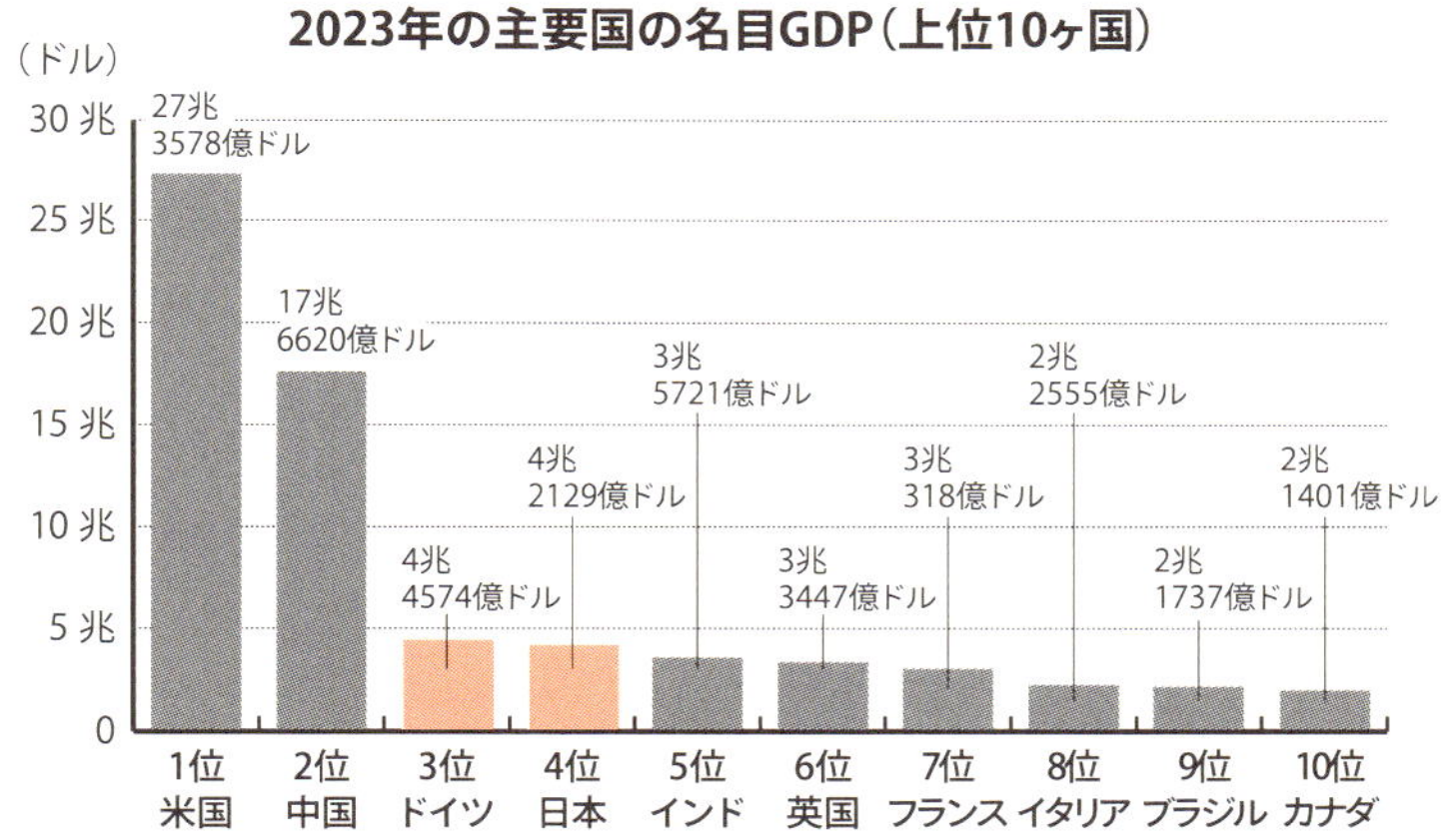

出所　IMF世界経済見通し　2024年4月21日発表
https://www.imf.org/external/datamapper/NGDPD@WEO/OEMDC/ADVEC/WEOWORLD

日本の内閣府もＩＭＦの最初の発表から４ヶ月後の２０２４年２月15日に、「日本の２０２３年の名目ＧＤＰは５９１・４兆円で、ドルに換算すると４兆２１０６億ドルだった。ドイツ（４兆４５６１億ドル）よりも少なくなり、日本は第４位になった」と発表した。この時に日本政府が発表したドル建てのＧＤＰがＩＭＦの２０２４年４月の発表の中のＧＤＰと異なる理由は、円とドルの交換レートの違いだ。

日独逆転の原因はドイツのインフレと円安だけではない

ＩＭＦが最初に順位逆転の見通しを明ら

かにした時、日本の多くのメディアは「2023年のドイツのインフレと円安が原因」という見方を前面に押し出した。名目GDP（nominal GDP）では、物価上昇の影響が差し引かれていない。このため2023年のドイツのインフレが、名目GDPを押し上げた。またIMFの統計はドル建てなので、円安が日本の名目GDPを引き下げたというのだ。

たしかに物価上昇の影響を差し引いた実質GDP（real GDP）で見ると、ドイツの2023年の成長率はマイナス0・2％、日本はプラス1・9％で日本の方が成長率が高かった（IMFの2024年7月の発表）。それだけに日本では「名目GDPの順位逆転劇は、インフレと円安のいたずらだった」という印象を持った人もいた。

だがこうしたメディアの論調は的外れだ。ドイツのインフレと円安も順位逆転の一因になったことは確かだが、それが主な原因ではない。**最も重要な原因は、1990年の日本のバブル崩壊以来、日本の名目GDP成長率が鈍化したのに対し、ドイツの成長率が着実に上昇したことである。**同時に、ドイツの労働生産性が日本よりも高かったことも影響した。日独間の過去における成長率と生産性の差がなかったら、2023年のドイツのインフレと円安だけでは、日本がドイツに抜かれて第4位になるという事態は起きなかった。

バブル崩壊後、日独の成長率が逆転

19ページの図表1－2を見てほしい。このグラフは、1970年から1990年まで日独の名目GDPの差が広がっていたこと、そして2010年以降は両国間の差が急速に縮まったことをはっきり示している。

このグラフの基になるデータは、経済協力開発機構（OECD）の統計である。私はこの統計を使って、1970年から2022年までの期間について、11年ごとに日独の名目GDP成長率を比べてみた。

1970年の日本の成長率は目覚ましかった。日本の名目GDPは1970年〜1980年に201・8％も増えた。大阪での万国博覧会の開催、日本の先進国首脳会議（サミット）初参加など、日本が輝いていた時期だ。この時期の日本の名目GDP成長率は、西ドイツ（当時）の名目GDP成長率（159・4％）に大きく水を開けた。1980年の日本の名目GDPは1兆505億ドルと、西ドイツ（8148億ドル）の約1・3倍だった。

1980年〜1990年の日本の名目GDP成長率もバブル景気の影響で

134・1%に達し、西ドイツ（89・6%）を上回った。1990年の日本の名目GDPは2兆4588億ドルで、西ドイツ（1兆5450億ドル）のほぼ1・6倍になった。1989年には日経平均株価が、3万8957円44銭という当時の最高値に達した。

この頃、米国と日本では、『ジャパン・アズ・ナンバーワン』という本が良く売れた。当時は多くの欧米企業が「日本型経営を見習え」を合言葉に、取締役たちを視察団として我が国に送った。私も当時、ドイツの企業関係者から「取締役たちを日本に視察旅行に送りたい。日本の高い成長率の秘密を理解するには日本で何を見るべきか、アドバイスしてほしい」と頼まれたことがある。私はこうしたドイツ企業を見て、巡礼を思い出した。それほど、当時の日本経済の成功ぶりは、欧米の企業から驚嘆の目をもって見られていた。日本は、世界で最も優れた企業が集まった「聖地」と見られていたのだ。

だが1990年にはバブル崩壊が、日本経済に冷水を浴びせた。不動産価格が暴落し、多くの金融機関が破綻《はたん》した。1990年〜2000年の日本の名目GDP成長率は、1980年〜1990年の成長率の約3分の1に落ち込んだ。バブル景気が終わったのだ。

日本の1990年〜2000年の名目GDP成長率（40・8%）は、ドイツ（44・8%）

図表1-2　バブル崩壊以降、日独間の名目GDPの差が縮まった

日独の名目GDPの推移（1970年～2022年）

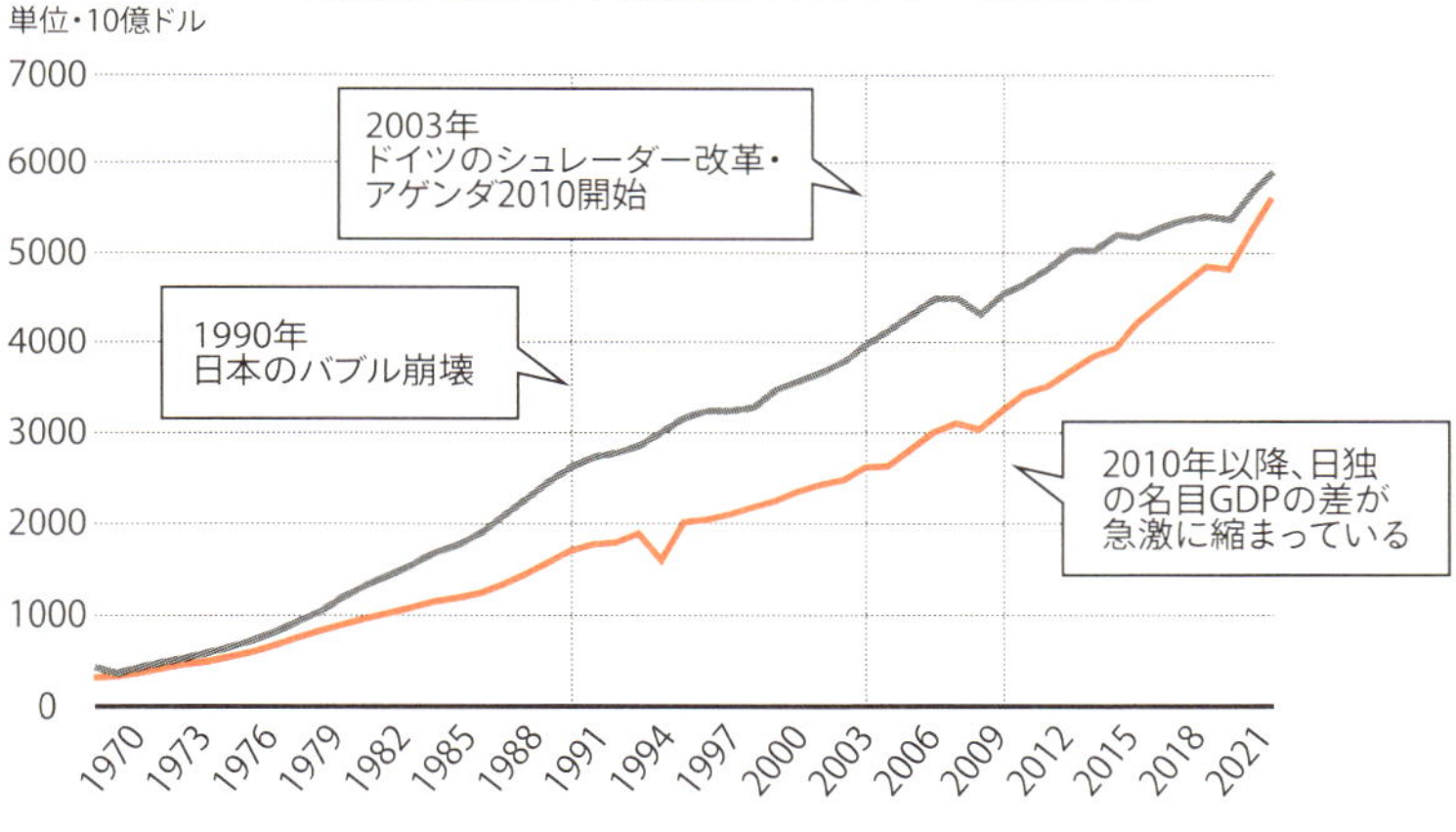

資料・OECD　https://data-explorer.oecd.org/

に初めて追い抜かれた。日独間の成長率の格差は、21世紀に入ってさらに広がった。２０１０年～２０２０年のドイツの名目ＧＤＰ成長率は51・２％だったが、この時期の日本の名目ＧＤＰ成長率は18・４％と、ドイツの約３分の１に減った。

２０００年から２０２０年までの日本の名目ＧＤＰ成長率は70・３％だったが、ドイツの成長率は日本の2・1倍の１４９・６％だった。図表１－２は、日独間の名目ＧＤＰの差が、２０１０年以降急激に縮まったことを示している。バブル崩壊の影響で日本のＧＤＰ成長率が鈍化する中、ドイツのＧＤＰ成長率が伸びたのだ。

世界は21世紀に入ってから、様々な経済危機に襲われた。日本がこれらの経済危機によって受けたダメージも、ドイツより大きかった。たとえばリーマンショック直後の2009年にドイツの名目GDPの前年比の減少率がマイナス2・9％だったのに対し、日本の減少率はマイナス4・9％で、ドイツを2ポイント上回った。日本では就職氷河期のために、多くの若者たちがなかなか仕事を見つけることができず、苦しんだ。

またドイツでは、コロナ禍によって2020年の名目GDPが前年比で0・5％減った。これに対し、日本では名目GDPが0・9％減った。ドイツでは飲食店や大半の商店などの営業を国が禁止するロックダウンが行われた。日本ではロックダウンは行われなかった。それにもかかわらず、日本経済が受けたコロナの傷は、ドイツよりも深かった。

つまり日本の名目GDPは、2023年に突然インフレや円安が原因でドイツに抜かれたわけではない。11年間おきに見ると、すでに1990年～2000年に日本の名目GDP成長率は、ドイツに抜かれていた。ドイツの名目GDP成長率の日本に対する差は、1990年～2000年には4ポイント、2000年～2010年には11・7ポイント、2010年から2020年には32・8ポイントと拡大した。

このように1990年以来、日本の成長率がドイツに追い抜かれて、両国間の名目G

図表1-3　バブル崩壊以降、ドイツの名目GDP成長率が、日本を抜いた

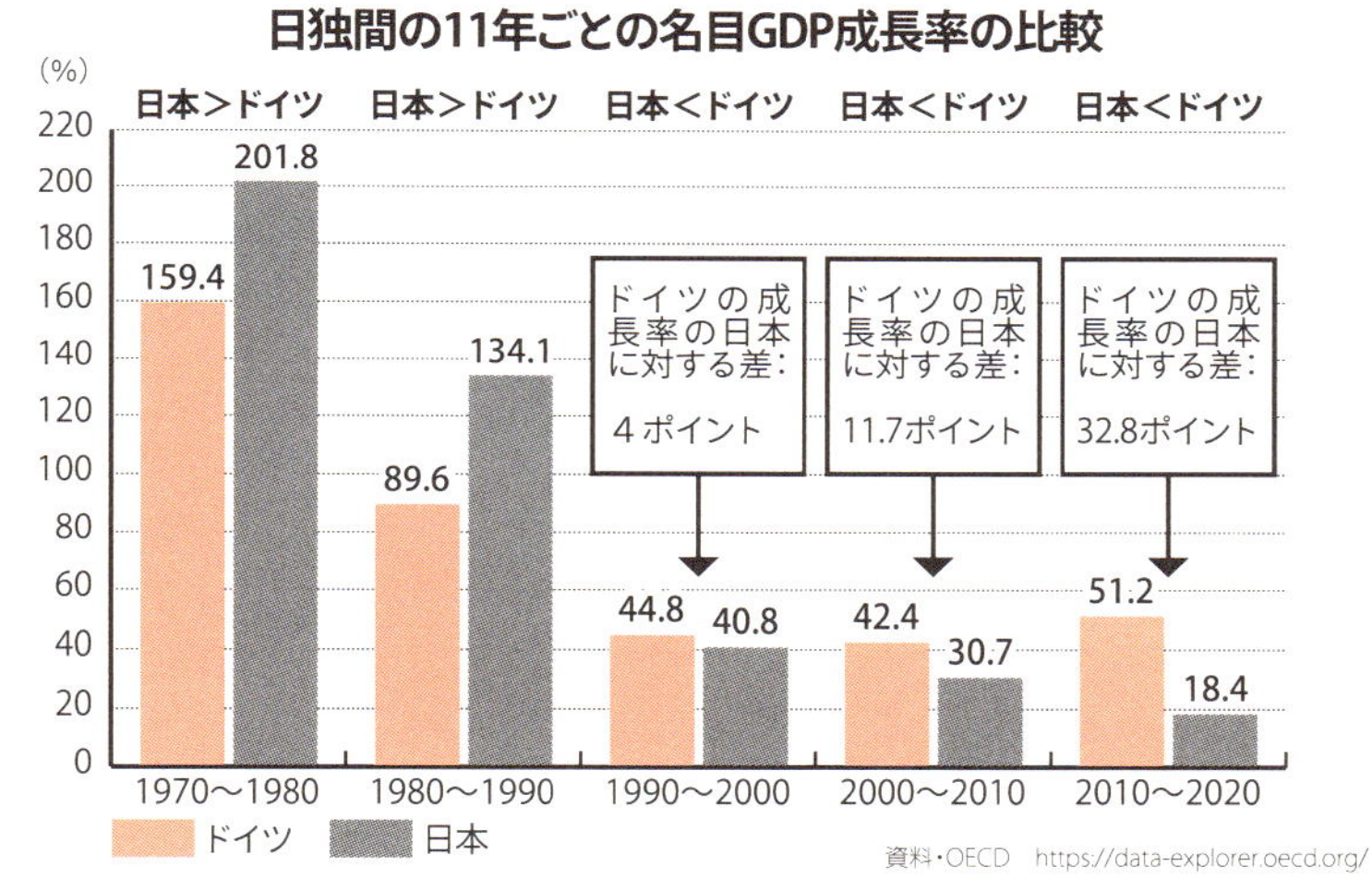

資料・OECD　https://data-explorer.oecd.org/

ＤＰの差が狭まっていったことが、順位逆転の最大の原因だ。ドイツは約30年をかけて、日本の背後にそろりそろりと忍び寄っていた。

２０２４年2月15日、日本政府の林芳正官房長官（当時）は記者会見で、日本の名目ＧＤＰが第４位に転落したことについて、「ドル換算のＧＤＰは物価や為替レートの動向に大きく影響を受けることから留意が必要だが、日本ではバブル崩壊以降、企業が国内投資を抑制し、結果として消費の停滞や物価の低迷、さらには成長の抑制がもたらされたと考えている」と述べ、日本の成長力の鈍化が一因であることを認めた。

図表1-4　日本の1人当たり名目GDPはG7で最下位

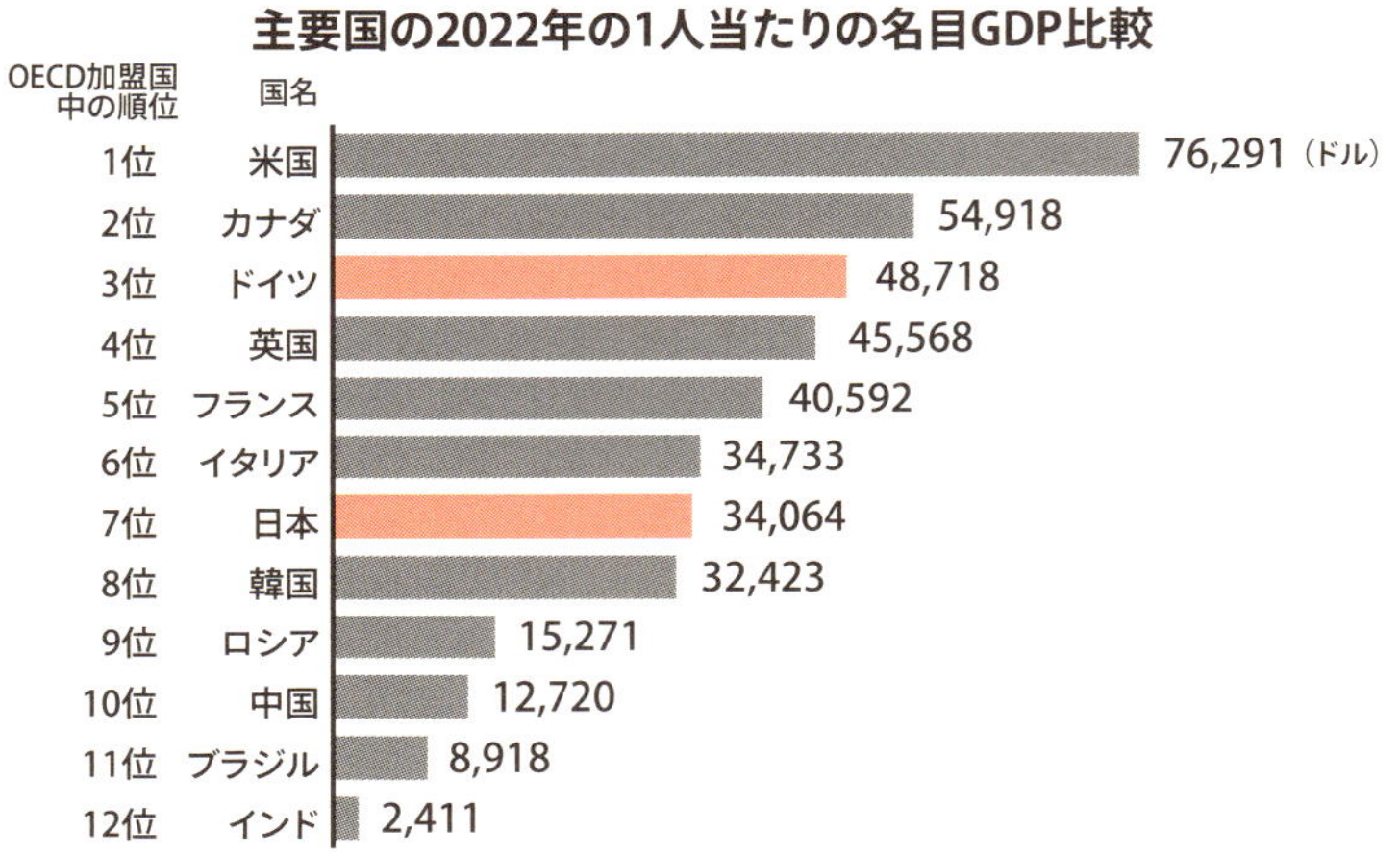

資料：内閣府　https://www.esri.cao.go.jp/jp/sna/data/data_list/kakuhou/files/2022/sankou/pdf/point_flow20231225.pdf

日本の１人当たり名目ＧＤＰがＧ７で最下位に転落

経済学者の間では、国民の満足度や幸福度を測るための物差しとして、ＧＤＰの総額ではなく、ＧＤＰを人口で割った１人当たりＧＤＰがしばしば使われる。ＧＤＰの総額だけでは、国富が国民一人一人にどの程度行きわたっているかを把握できないからだ。

２０２３年12月25日、内閣府はこの１人当たりＧＤＰについて、衝撃的な数字を発表した。内閣府は、ＯＥＣＤの統計などを基にして、「２０２２年の日本の１

図表1-5　1人当たり名目GDPでは、日本は34位、G7で最低

2023年の1人あたりの名目GDPランキング（IMF）

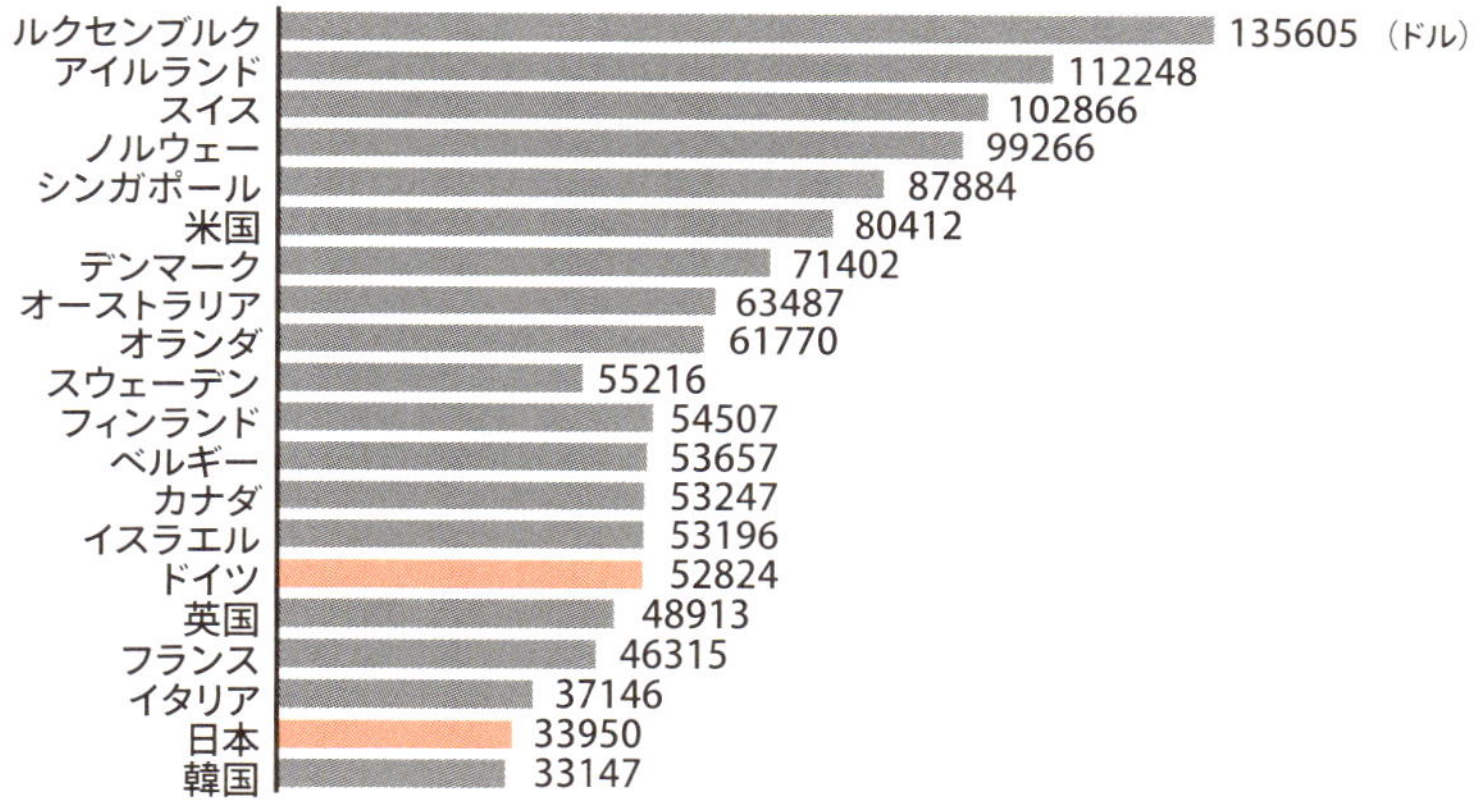

資料　IMF　https://www.imf.org/external/datamapper/NGDPDPC@WEO/OEMDC/ADVEC/WEOWORLD

人当たり名目ＧＤＰが３万４０６４ドルと、ＯＥＣＤ加盟国中で第21位になった」と発表した。日本は２０２１年の第20位から、第21位に転落した。日本はイタリア（３万４７３３ドル）に抜かれて、Ｇ７諸国の中で最下位になった。ドイツの１人当たりＧＤＰは４万８７１８ドルで、第16位。日本よりも43％多かった。

内閣府はこの統計の中では主要国だけを取り上げており、ＯＥＣＤ加盟国の全ての数字を公表しなかった。ＩＭＦは、内閣府よりも多くの国を網羅した、２０２３年の１人当たり名目ＧＤＰのランキングを公表している。

図表1-6　ドイツの1人当たり実質GDP成長率は日本の約2倍

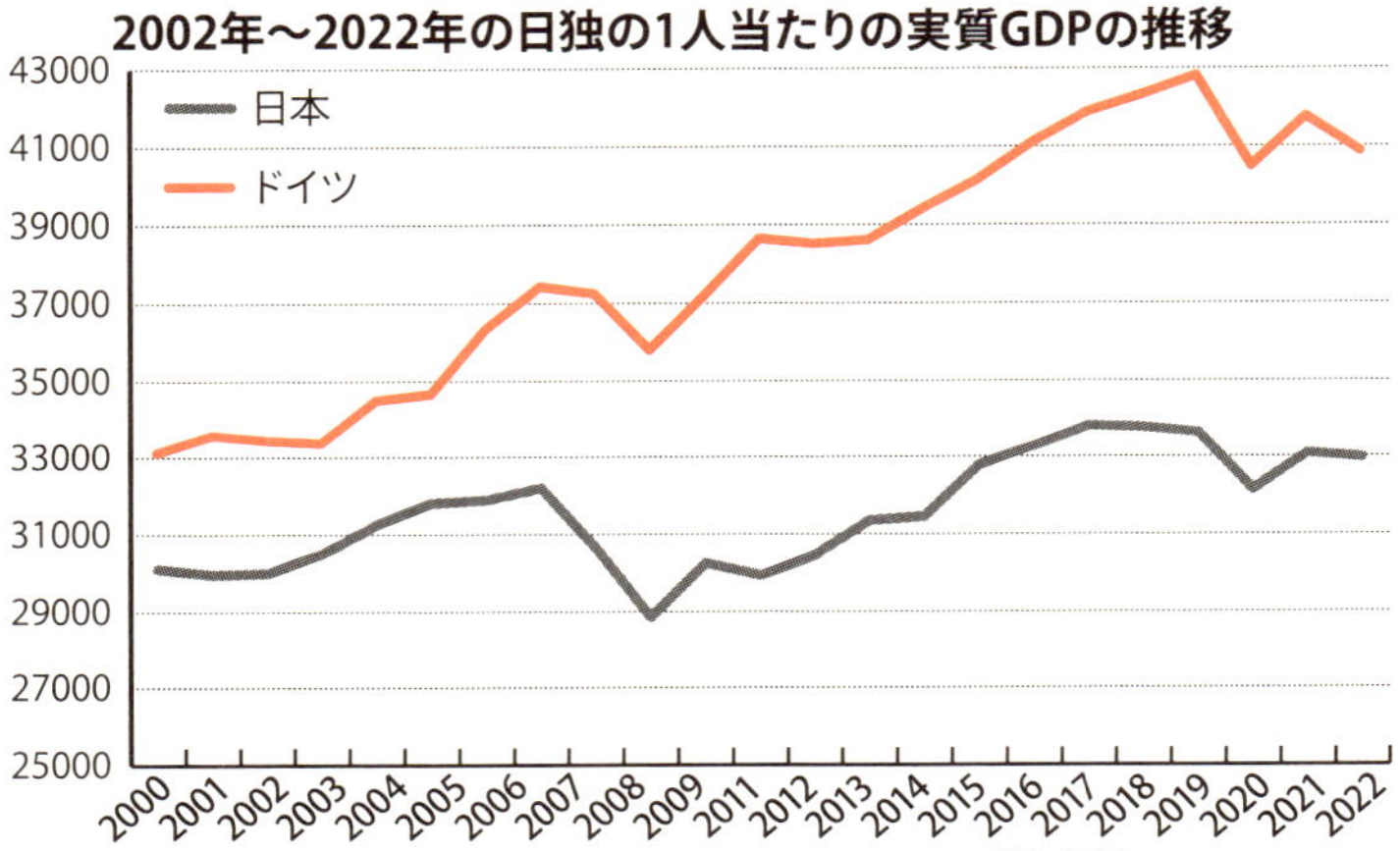

資料：OECD
https://data-explorer.oecd.org/

　ＩＭＦの統計によると、日本（3万3950ドル）の順位は第34位。Ｇ7の中で最も低かった。ドイツの1人当たり名目ＧＤＰは5万2824ドルで、第20位だった。ドイツの1人当たり名目ＧＤＰは、日本よりも約55％多いことになる。つまり国民1人当たりの名目ＧＤＰを比べた場合、ドイツと日本の間の格差は、名目ＧＤＰの総額を比べた場合よりもはるかに大きい。一人の日本人として、残念に思う。ある日本人の知り合いは、「1人当たりの名目ＧＤＰが第34位では、日本は後進国だ」と私に言った。

　私はＯＥＣＤの統計を使って、2000年から2022年の日独の1人当たりの実質GDPの推移も比べてみた。2022年のドイツの1人当たりの実質GDPは4万8869ドルで、日本（3万2964ドル）よりも約24％多かった。ドイツの1人当たり実質GDPは、2002年から2022年までに22・2％増えたが、日本では同時期に9・9％しか増えなかった。ドイツの成長率のほぼ半分だ。

日本を大きく上回るドイツの賃金水準

OECDはもう一つ、我々日本人にとって衝撃的な統計を発表している。2023年のドイツの市民1人当たりの年間実質平均賃金は6万2473ドルで、日本（4万2118ドル）を48・3％も上回った。ドイツはOECD加盟国38ヶ国中12位、日本は25位だ。**日本の平均賃金はG7で最も低いほか、OECDの平均値よりも24％少なかった。我が国の平均賃金は韓国（4万7715ドル）にも抜かれている。**

OECDの別の統計によると、ドイツの賃金水準は1995年〜2021年に68・2％上昇したが、日本の賃金水準はこの期間に3％減った。これでは、日本の国内消費が大きく増えないのも無理はない。ドイツの賃金水準がこれだけ上昇したのは、労働組合が経営

図表1-7　ドイツ人の平均賃金は日本の約1.5倍

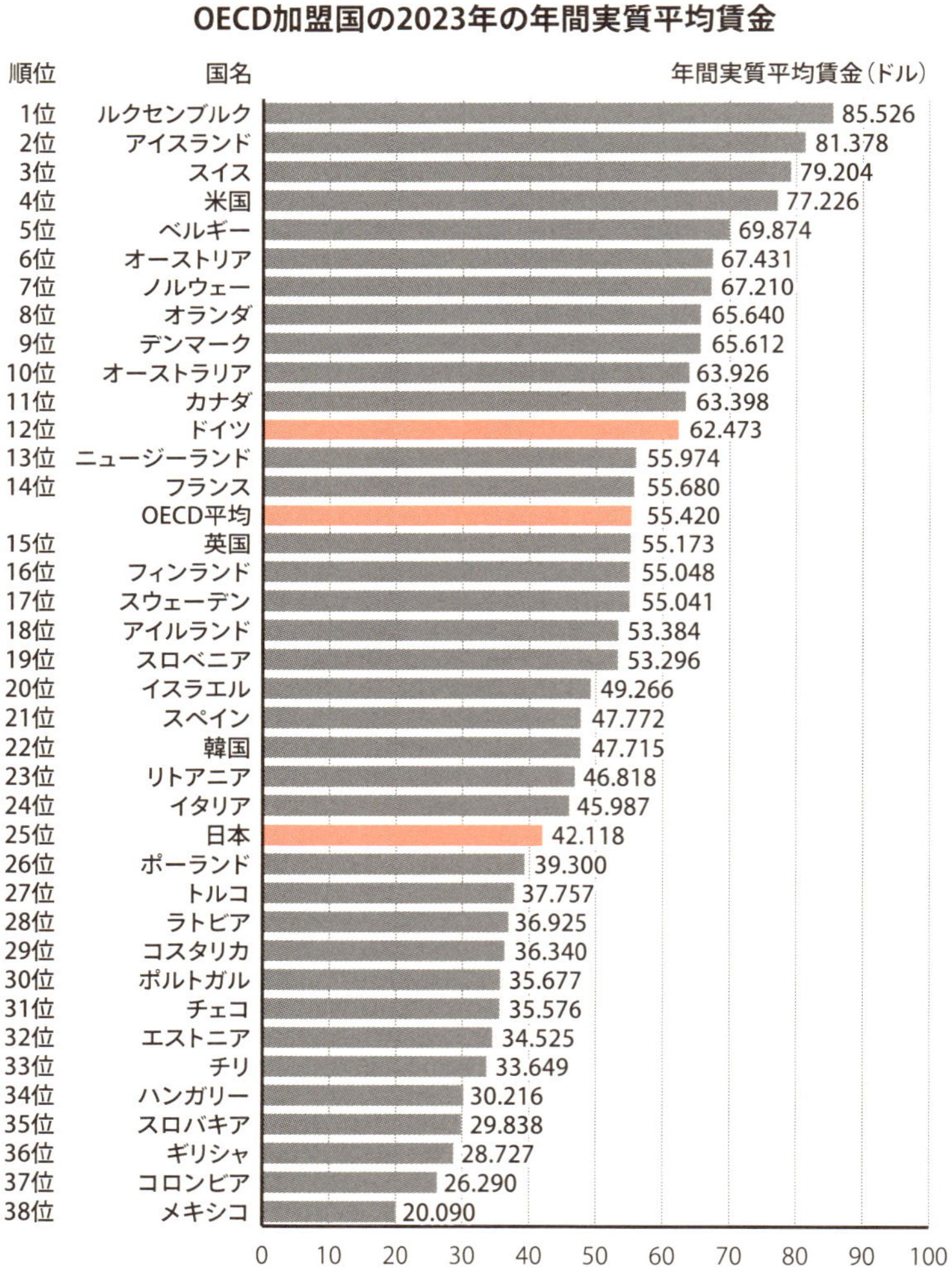

イスラエル、トルコ、コスタリカ、チリ、コロンビアは、2022年の数字（2023年の数字が発表されていないため）。
資料・OECD　https://stats.oecd.org/（2024年7月18日にダウンロード）

図表1-8　ドイツの平均賃金は26年間で約68%増加、日本は3%減少

日独の平均賃金の推移

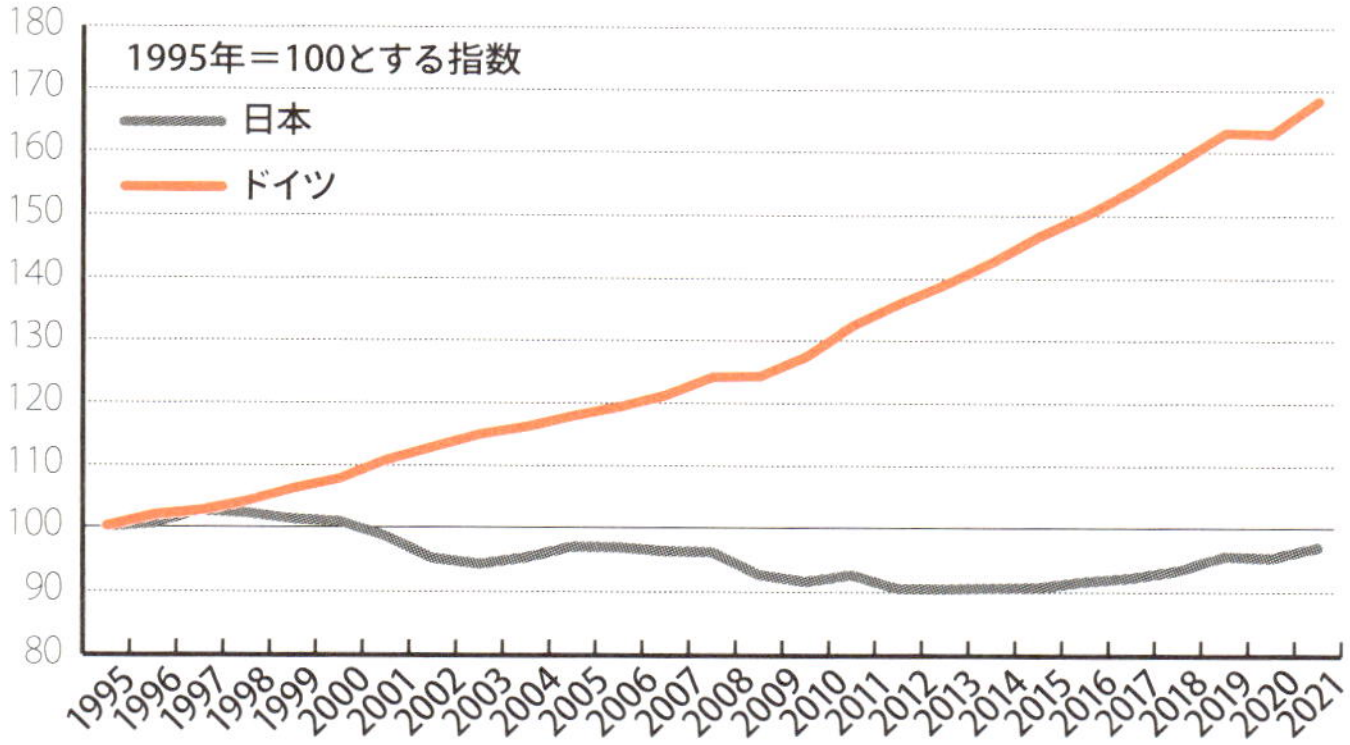

資料　OECD　日独の現地通貨による年間平均賃金の変化率を、1995年を100として計算したもの。
https://stats.oecd.org/index.aspx?queryid=61433#

者との交渉の際に、時にはストライキなどの強硬手段を取り、賃上げを勝ち取ってきたためだ。**ドイツの労働組合は、日本よりもはるかに戦闘的で、自分たちの要求を貫徹するためには、ストライキに踏み切り、顧客にも忖度《そんたく》しない。**

２０１０年以降ドイツの成長率を伸ばしたシュレーダー改革

なぜ日独経済の間に、これほど大きな差が生じたのだろうか。ドイツの名目ＧＤＰは、特に２０１０年以降高い伸び率を示している。たとえば２０１０年〜２０２０年のドイツの名目ＧＤＰの成長率は51・２％

で、前の11年間つまり２０００年～２０１０年の成長率（42・４％）を上回った。

２０１０年以降ドイツの成長率が伸びた一因は、１９９８年から２００５年まで首相を務めたゲアハルト・シュレーダー氏が断行した、労働市場・社会保障制度改革プログラム「アゲンダ２０１０」である。当時この国では、人件費の高さが競争力と成長率を引き下げていた。ドイツは社会保障制度が手厚い国なので、賃金以外の労働費用が高い。ドイツ企業は日本と同じように、社会保険料の一部を負担している。

１９９０年代後半のドイツでは、公的健康保険、失業保険、年金保険、介護保険の保険料負担が企業収益を圧迫し、企業の国際競争力が弱まっていた。ドイツ経済研究所の統計によると、２００３年の旧西ドイツの製造業界の労働者１人当たりの労働コストは、ポーランドの8・3倍、イタリアの１・62倍、米国の１・36倍、フランスの１・34倍だった。この労働費用のかなりの部分を、社会保険料が占めていた。

ドイツでは社会保障が手厚かったために、長期失業者として国から援助金をもらった方が、レストランの従業員やバス運転手として働いて税金や社会保険料を払うよりも、手取りが多くなるケースが現れた。このため仕事に就かずに、失業者としての生活を続ける人も増えた。デュッセルドルフのある企業から解雇されたある日本人は、「失業者になっても、国からの援助金で十分暮らせる」と感心していた。

統一後、旧東ドイツで多くの国営企業が閉鎖されたり、従業員数を削減したりしたことも失業者の数を増やした。

1991年には約260万人だった失業者数は、1997年には68％も増えて438万人に達した。キリスト教民主同盟（CDU）のヘルムート・コール首相（当時）は1990年にドイツ統一を達成したが、経済政策の失敗の責任を問われて、1998年の連邦議会選挙で敗れた。その後誕生したのが、シュレーダー氏が率いる社会民主党（SPD）と緑の党による初の左派連立政権である。

元々SPDは19世紀に労働運動を母体として創設された、労働者の党である。だがシュレーダー氏は、SPDの政治家としては珍しく、経済界と太いパイプを持っていた。彼はニーダーザクセン州の首相を務めた時、同州に本社を持つフォルクスワーゲンの監査役に就任した。このため自動車業界とも密接な関係にあった。シュレーダー氏は、企業経営者たちの「社会保険料などの労働費用を減らさないと、雇用を増やせない」という訴えに理解を示した。

彼は失業者の数を抜本的に減らすために、企業の労働費用負担を削減して収益力・価格競争力を高めることを最も重要な政策目標に位置付けた。彼は２００３年に連邦議会で経済改革プログラム「アゲンダ２０１０」の発動を宣言し、この国の歴史の中で最も大胆な労働市場・社会保障改革に踏み切った。

シュレーダー氏は、「ドイツの社会保障制度は手厚すぎ、人々の労働意欲を阻害している」と考えて、労働市場と社会保障制度に深くメスを入れた。長期失業者への援助金、生活保護の額を減らし、給付条件を大幅に厳しくすることによって、失業者が就職するための圧力を高めた。たとえば彼は中高年の失業者向け援助金の支払期間を、32ヶ月から18ヶ月に減らした。正当な理由がないのに、国が斡旋する仕事を拒む者には、制裁措置をとった。

「市民の身を切る改革」をＳＰＤの首相が断行

シュレーダー政権は、公的健康保険のカバー範囲を狭くしたり、患者の自己負担額を増やしたり、公的健康保険が四半期に支出できる治療費の額に上限を設けたりすることで、保険料の伸び率を抑えた。労働法を改正し、企業が人件費を減らすために社員を解雇しやすくした。公的年金保険の保険料が賃金に占める比率を19・5%に抑えるための法律を施行させた。シュレーダー氏は、公的年金の支給開始年齢を65歳から67歳に引き上げるべきだと主張し、改革作業に着手した。そのための法案は、シュレーダー氏が首相を辞任した2年後に連邦議会で可決された。

さらにシュレーダー氏は、ミニジョブと言われる新しい業態を導入することで、低賃金労働市場を生み出した。企業は、ミニジョブについては社会保険料の支払いを免除されるので、労働費用を節約できる。対象となるのはオフィスの掃除をしたり、飲食店で働いたりする人々である。給料が低いために、一つの仕事では十分に生活の糧《かて》を稼ぐことができず、1日に2つ以上の仕事を行う市民も増えた。だが彼らは失業統計の上では失業者としてはカウントされない。シュレーダー氏は、多くの失業者を低賃金部門で雇用させることにより、少なくとも統計の上では失業者数を大幅に減らすことに成功した。ただしドイツでも働いているのに貧困から抜け出せない階層つまり「ワーキング・プアー」の問題が浮上した。

またシュレーダー氏は企業が人件費を節約できるように、人材派遣会社から送られる契約社員などの非正規労働者を増やすための政策を取った。非正規労働者の比率が高い、日本のような社会を作ろうとした。

「アゲンダ２０１０」は、企業の負担を減らしたが、市民が受ける社会保障サービスを悪化させた。シュレーダー氏が行った改革は、第二次世界大戦後、この国の労働市場・社会保障制度が経験した最大の変化であり、働く者の負担を増やすものだった。

通常このような企業寄りの改革は、ＳＰＤではなくＣＤＵのような保守政党が行う。しかしこの時は財界寄りの政治家だったシュレーダー氏が首相になったために、「市民にとっては身を切るような痛みを伴う改革」が実行された。当時野党だったＣＤＵはシュレーダー氏の改革に賛成した。経済界も、「アゲンダ２０１０」を絶賛した。

だがこの改革は、低所得層の可処分所得を減らしたため、ＳＰＤの支持率が急落した。特に旧東ドイツでは市民の不満が高まり、抗議デモも行われた。このためシュレーダー氏は２００５年の連邦議会選挙で敗れ、首相だけでなく議員も辞職した。リベラル派の市民、ＳＰＤの左派党員の間では、「アゲンダ２０１０」は悪政の典型とされた。この言葉は、ＳＰＤでは今も忌み嫌われている。

図表1-9　アゲンダ2010は、ドイツの2000年から11年間の労働費用の伸び率をEU主要国の間で最も低く抑えた

欧州主要国の労働コストの伸び率

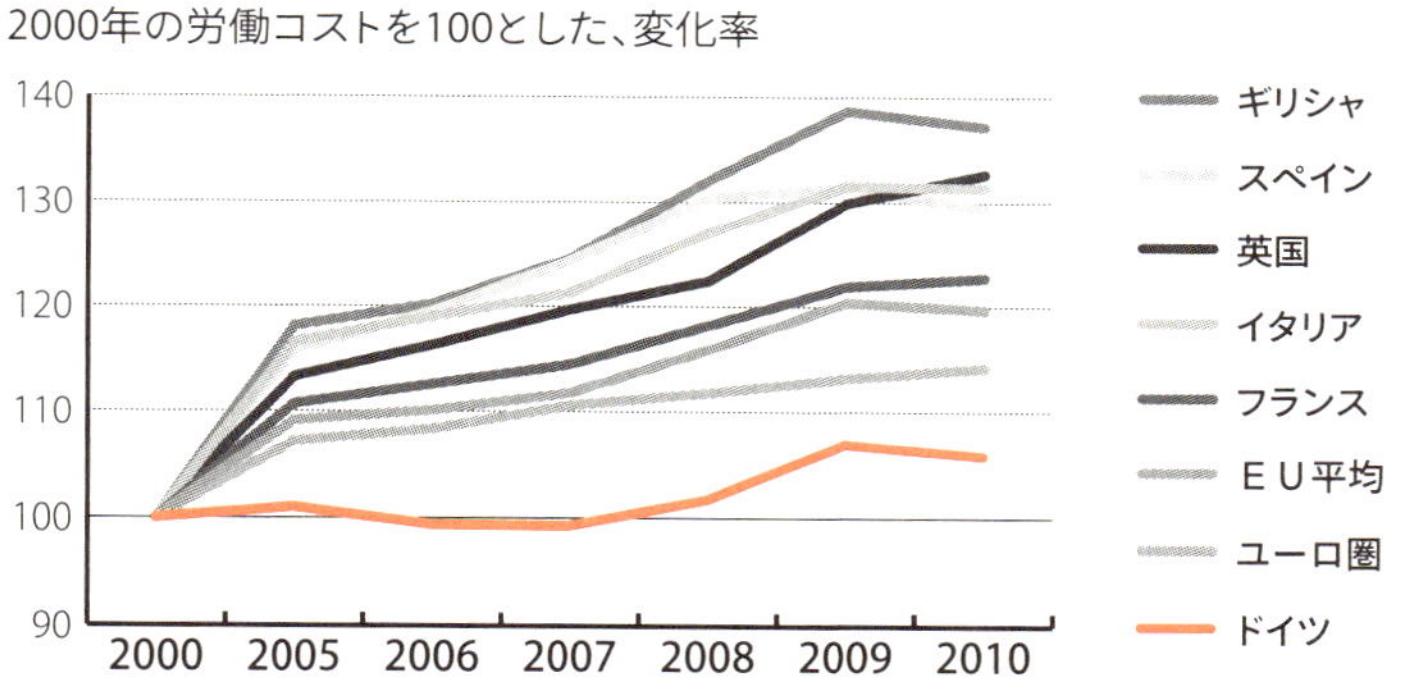

資料：EU統計局

シュレーダー改革が労働費用の伸び率を抑えた

しかしＳＰＤの異端児シュレーダー氏の「アゲンダ２０１０」がこの国の労働費用の伸び率を、少なくとも一時的に他の欧州諸国に比べて抑え、企業競争力を引き上げたことは事実である。２０１０年以降、ドイツの名目ＧＤＰ成長率が上昇し、日本を追い上げた一因もこの改革にある。

ＥＵ統計局は、主な欧州諸国の労働費用が、２０００年から２０１０年までにどう変化したかを示す統計を発表している。ギリシャの労働費用はこの期間に37・２％、

英国は32・7％、フランスは22・7％伸びた。全ＥＵ加盟国の労働費用も平均14・2％増えた。これに対して、ドイツの労働費用は5・8％しか増えなかった。シュレーダー氏の改革は、労働費用の上昇を抑制し、企業の競争力と収益力を改善した。

シュレーダー氏がこの改革プロジェクトを「アゲンダ２０１０」と名付けたのは、「労働費用が削減されて、企業の競争力が高まるまでには時間がかかる。改革の効果が現れるのは、２０１０年以降だ」と考えたからである。彼の予言通り、ドイツ経済は２０１０年以降、成長力を回復した。

雇用市場の回復もめざましかった。連邦統計局によると、ドイツの失業者数は第二次世界大戦後最高だった２００５年の４８６万人から、２０１９年には半分以下の２２７万人に減った。失業率もこの期間に13％から5・5％に減った。シュレーダー氏が首相に就任した１９９８年にはドイツの就業者数は３８４０万人だったが、２０２３年には４５８０万人に増えた。働く者の数が、７４０万人も増えたのだ。ドイツではこの現象は「雇用の奇跡」と呼ばれる。低賃金労働者の増加、所得格差の拡大などの問題点はあるが、失業者数を大きく減らすというシュレーダー氏の目標は達成された。

経済学者や財界人の間では、アゲンダ2010の評判は良い。ドイツ経済研究所（IW）のミヒャエル・ヒューター所長は、2023年3月に、「アゲンダ2010は、ドイツの歴史で他に例を見ないような成功をもたらした。人々が仕事に就くインセンティブを高めて労働市場を大きく変えただけではなく、経済の成長力も高めた。たとえば1970年～2021年のドイツの平均経済成長率は1・46％で、フランス（1・36％）を上回った」と述べ、シュレーダー氏の改革の成果を称賛した。

ドイツ産業連盟（BDI）のディーター・ケンプ会長も2018年11月、「シュレーダー氏が首相に就任した時、ドイツは欧州の病人だった。我々の国際競争力は、他の国々に比べて劣っていた。アゲンダ2010は、この状況を一変させた。SPDが生んだ大きな成果である」と述べ、シュレーダー氏の業績を称えた。

ドイツではそれまで様々な経済改革が提案されたが、かけ声だけで終わり、実行されないことが多かった。アゲンダ2010は、首相の狙い通りに改革が実行され、結果を生んだ稀な例である。

日独の経常収支の差が拡大

シュレーダー改革が企業の国際競争力を改善し、名目GDPの増加に貢献したことを示すデータがある。OECDの、経常収支（current account balance）に関する統計だ。経常収支は、財とサービスの貿易収支、第一次所得収支（対外金融債権・債務から生じる利子・配当金など）と第二次所得収支（居住者と非居住者との間の贈与、寄付など）を足したものだ。わかりやすく言えば、貿易などによって外国から入って来る金額と、外国へ出ていく金額の差である。

２０００年にはドイツの経常収支は、３６０億ドルの赤字だった。一方日本は１３１０億ドルの経常黒字を記録し、ドイツに水をあけた。しかし２００７年にはドイツの経常黒字が２３４０億ドルになり、日本（２１３０億ドル）を追い越した。２０１１年以降はドイツの経常黒字と日本の経常黒字の間の差が大きく開いた。２０１３年のドイツの経常黒字は日本の5・3倍、２０１４年のドイツの経常黒字は日本の7・6倍に達した。

ドイツの経常黒字は、２００２年の３７４億５９００万ドルから２０２２年には

図表1-10　2011年以降、ドイツの「稼ぐ力」が日本を引き離した

日独の経常収支の推移　（単位・10億ドル）

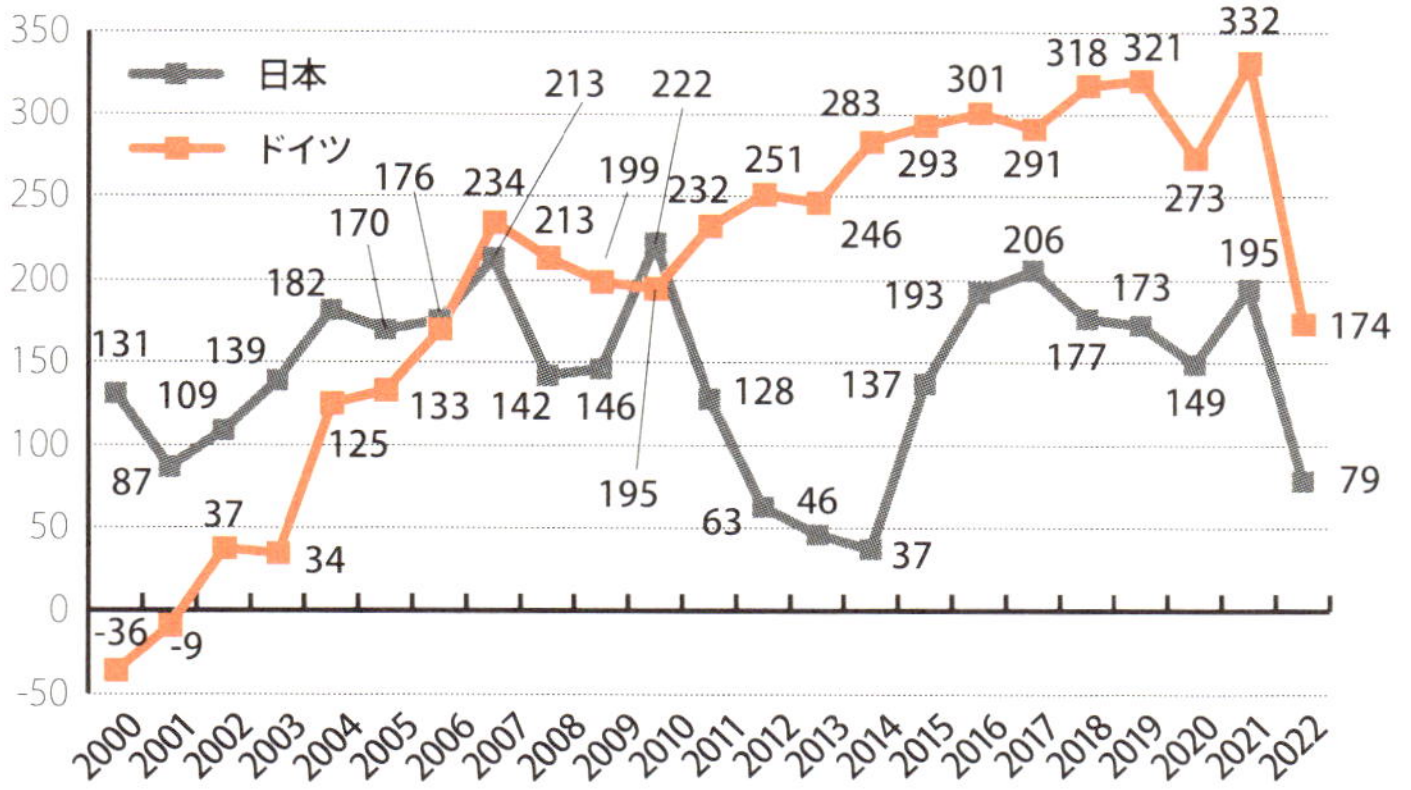

資料：OECD　https://data-explorer.oecd.org/

３６５％増えて１７４２億３７００万ドルになった。これに対し、日本の経常黒字は同じ時期に１０８６億７１００万ドルから、７９１億１００万ドルに27％減った。つまり国際取引で稼ぐ力が、ドイツに比べて大幅に弱まった。これらの変化も、２０１０年以降日本の名目ＧＤＰ成長率がドイツに引き離された一因である。

ドイツの中国貿易の拡大も一因

経常収支の中で重要な部分を占める「財の輸出額」にも、日独間のパフォーマンスの差が目立つ。ドイツの財の輸出額は２００２年から２０２２年までに

図表1-11　2010年以降、ドイツの財の輸出額が日本に大差をつけた

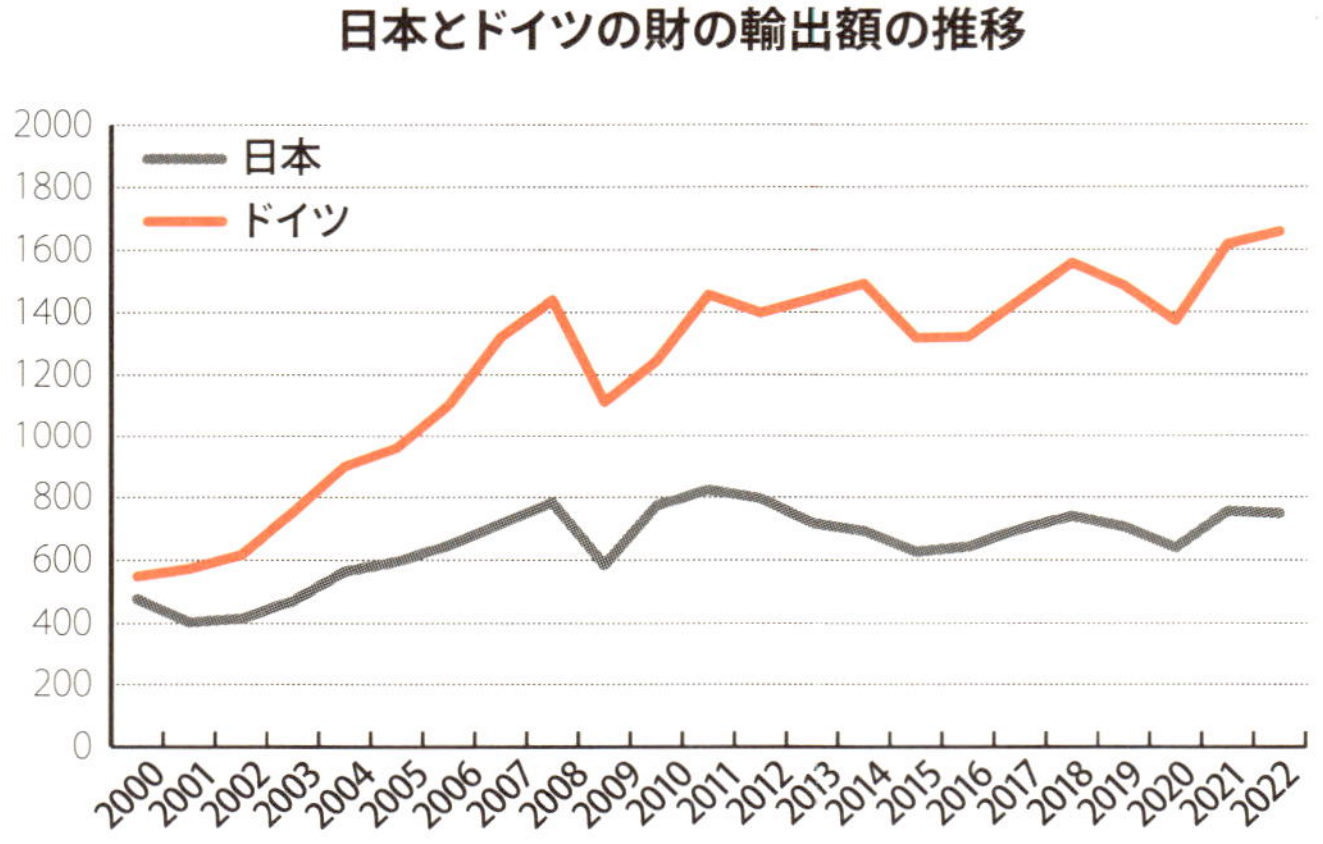

資料　OECD　https://data.oecd.org/trade/trade-in-goods.htm#indicator-chart

１６９・３％伸びたが、日本の財の輸出額の伸び率は79・８％とほぼ半分に留まった。

ドイツの財の輸出額が21世紀に大きく伸びた一因は、中国との貿易の急拡大だ。連邦統計局によると、２０２３年のドイツの中国との貿易額（輸出額と輸入額の合計）は２５３１億ユーロ（40兆４９６０億円）。中国は8年連続で、ドイツにとって最大の貿易相手国だった。ドイツの対中輸出額は、２０１１年から２０２２年までに約65％増えた。ドイツの中国からの輸入額は、この時期に約１４３％も増えた。シュレーダー氏は首相時代に足しげく中国を訪

図表1-12　ドイツの対中輸出額は、2022年までの11年間に約65%増えた

ドイツの対中輸出額の推移

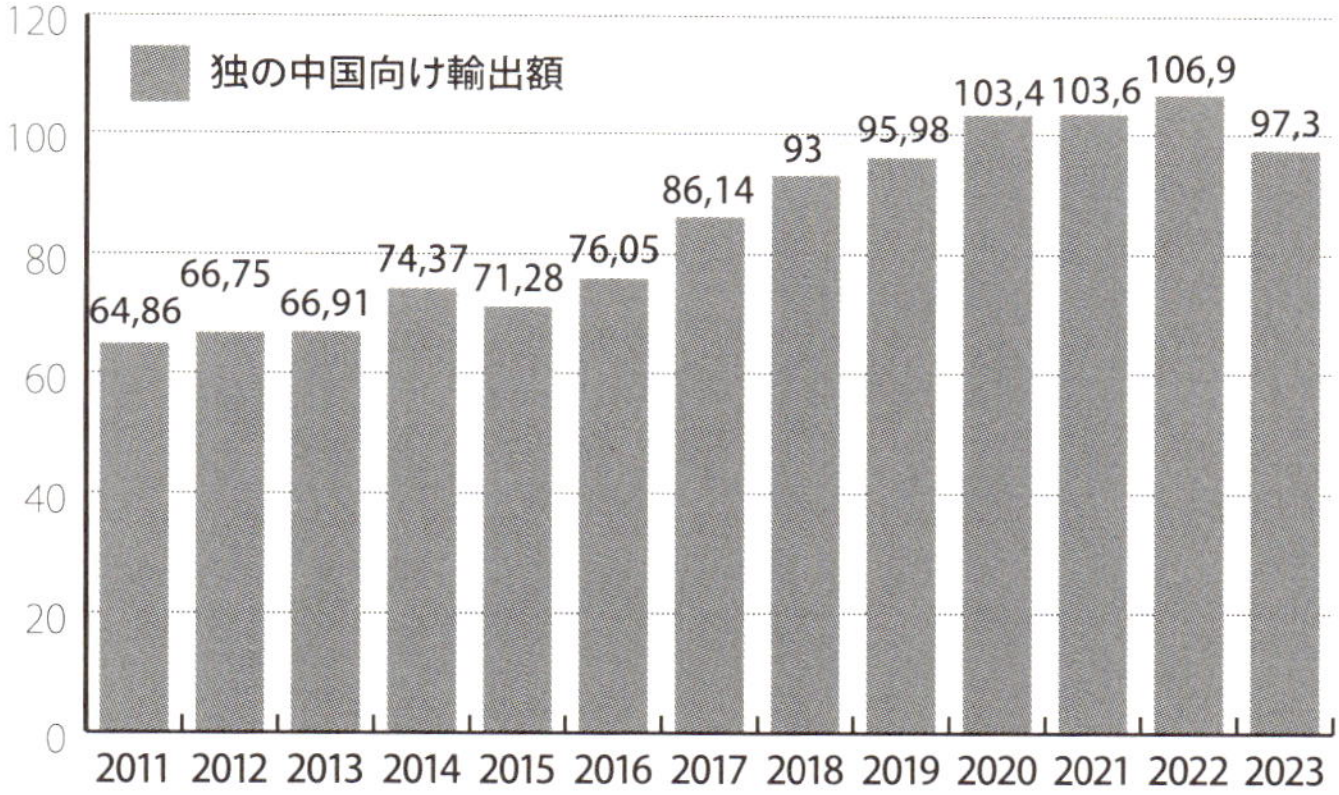

資料：連邦統計局　https://www.destatis.de/DE/Presse/Pressemitteilungen/2024/02/PD24_056_51.html

れて、経済関係の拡大に努めた。80歳を超えた今でも、ドイツ企業のコンサルタントとして毎年のように中国へ出張している。

シュレーダー氏の後に首相になったアンゲラ・メルケル氏、オラーフ・ショルツ氏も中国の人権問題よりも、対中貿易を重視した。ドイツでは、約100万人の雇用が中国とのビジネスに依存している。「台湾、チベットやウイグル問題よりも、ドイツのGDPと雇用を優先させる」という態度が目立った。特にドイツの自動車業界や化学業界は、中国ぬきには経営が成り立たないと言っても過言ではない。

たとえば欧州最大の自動車メーカー、フォルクスワーゲン（VW）・グループが

２０２１年に世界で販売した車の38％が中国で売られていた。メルセデス・ベンツの車の37・８％、ＢＭＷの車の33・６％が中国で販売された。２０２１年にはＶＷグループは中国の自動車市場で10・３％という最大のマーケットシェアを誇り、首位にあった。私が２０１２年に初めて中国に行った時、市内を走っていたタクシーは、全て中国で生産されたＶＷの車だった。シュレーダー氏が耕して種子をまいた地面に、「アゲンダ２０１０」の果樹が成長して実を結んだ。ドイツの対中貿易の拡大も、同国の２０１０年以降の名目ＧＤＰの急上昇に貢献した。

日本を大きく上回るドイツの労働生産性

ドイツの名目ＧＤＰが日本を抜いた原因の一つは、労働生産性の高さだ。労働生産性とは、１人の労働者が１時間に生み出すＧＤＰである。**労働者がどれだけ効率的に働き、価値を生んでいるかを示す。**

確かにＯＥＣＤの統計によると、１９７０年から２０２３年まで、日本の労働生産性は、ドイツよりも常に低かった。２０２３年のドイツの労働生産性（実質ベース）は68・１ドルで、日本（49・1ドル）よりも約39％高かった。**2023年の日本の労働生産性は、G7諸国の中で最も低かった。日本は、OECDの加盟国38ヶ国の中で第20位だった。**

これに対しドイツの労働生産性はOECDで第11位だった。ドイツの労働生産性は、G7では米国に次いで第2位である。自動車産業など一部の業種では、日本の労働生産性はドイツを上回っているとされるが、サービス業などあらゆる業種を含めると、日本はドイツに水を開けられている。

日本の労働生産性の低さは、企業経営者だけではなく、世界の機関投資家の間でも問題視されている。私は2018年に、米国の大手投資銀行の日本支店から、東京で講演するように依頼された。そして大手町の高層ビルの中にある豪壮な会議室で、日本の投資家やインベストメントバンカーに対して、日独間の労働生産性の違いの背景について解説した。この時投資銀行の人々から、「投資家の間では、労働生産性が投資を考える際の、判断基準の一つになりつつある」と聞いた。

図表1-14　2023年のドイツの労働生産性は、日本の約1.4倍だった

2023年のOECD主要国の労働生産性（労働者1人が1時間に生み出すGDP）

実質ベース、購買力平価

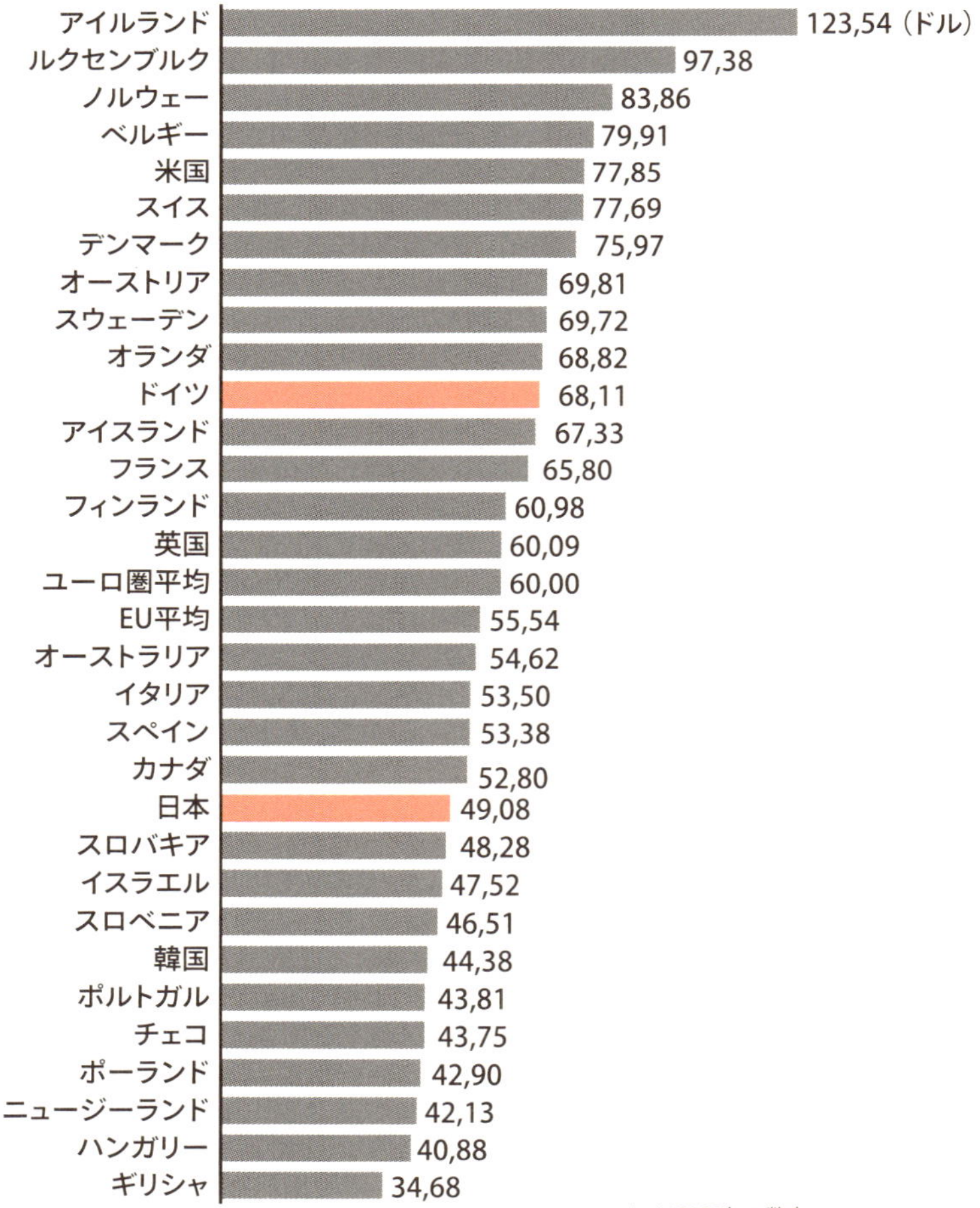

スイスは2022年の数字。
（2023年の数字が公表されていないため）
資料・OECD　https://data-explorer.oecd.org/

図表1-13　過去半世紀の間、日本の労働生産性はドイツに水を開けられたまま

労働生産性の推移（労働者1人が1時間に生産する実質GDP）

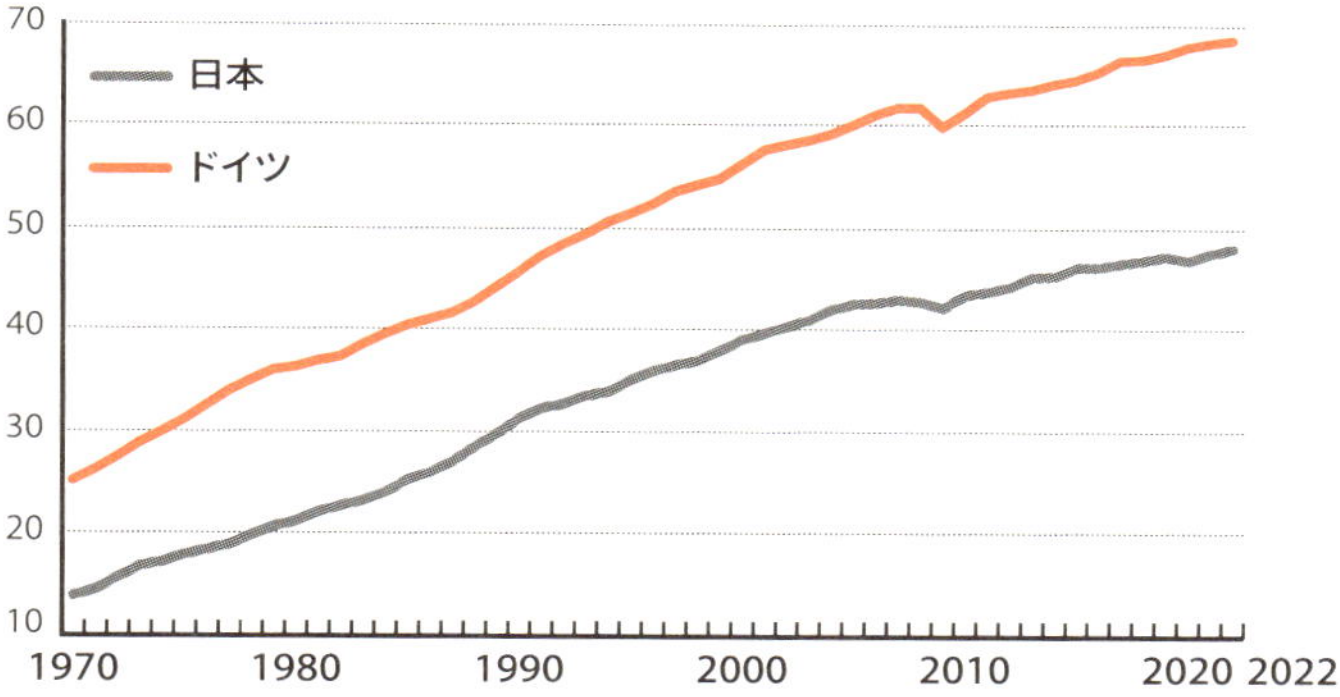

2023年のドイツ：68.1ドル、日本は49.1ドル

資料・OECD　https://stats.oecd.org/

ドイツのインフレと円安が「ダメ押し」

これまで述べてきた理由により、バブル崩壊以降、特に21世紀に入ってから日本とドイツの名目ＧＤＰの差は急速に縮まった。この結果２０２２年のドイツの名目ＧＤＰは、日本の94・７％のところまで迫っていた。ダメを押すように、最後の５・３ポイントの差をなくしたのが、２０２３年のドイツのインフレと円安である。

まず２０２３年のドイツの名目ＧＤＰは、インフレによって押し上げられた。インフレの引き金は、２０２２年のロシア

図表1-15　2023年のドイツのインフレ率は、日本の1.8倍だった

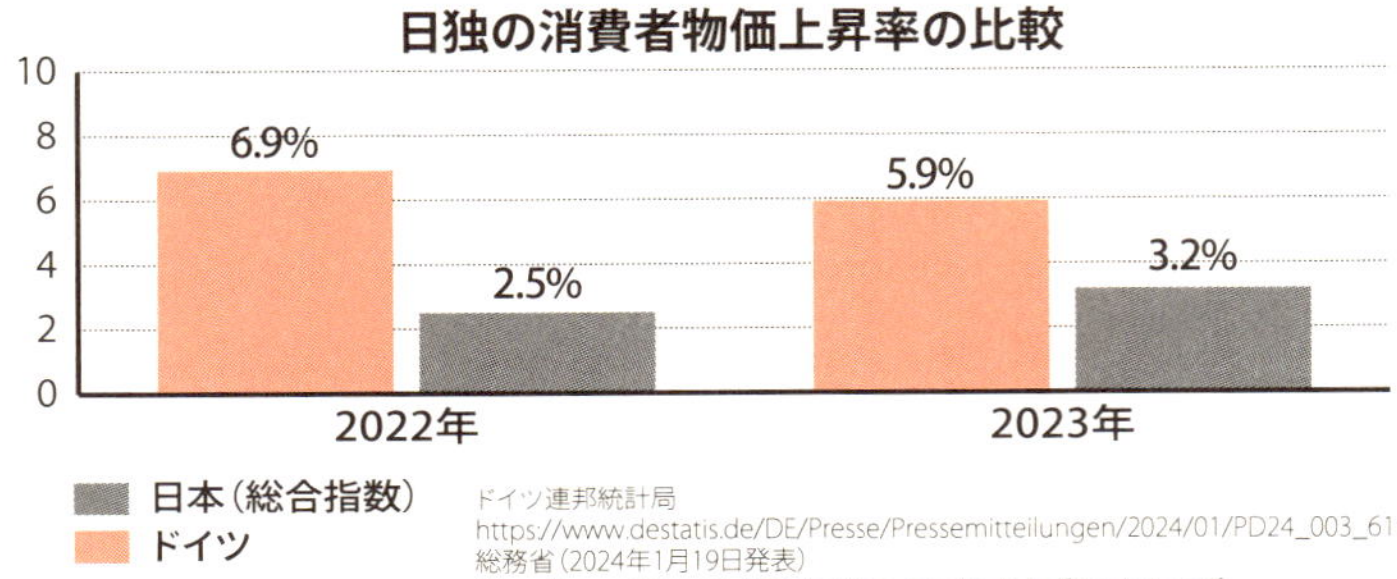

ドイツ連邦統計局
https://www.destatis.de/DE/Presse/Pressemitteilungen/2024/01/PD24_003_611.html
総務省（2024年1月19日発表）
https://www.stat.go.jp/data/cpi/sokuhou/tsuki/pdf/zenkoku.pdf

のウクライナ侵攻だ。この戦争の影響で、ドイツは過去ほぼ半世紀で最悪のインフレを経験した。連邦統計局によると、エネルギーや食料品の価格が高騰したため、２０２２年のドイツの消費者物価上昇率は前年比で６・９%、２０２３年には前年比で５・９%だった。２０２２年のドイツのインフレ率は、第一次石油危機が起きた１９７３年（７・１%）以来最も高かった。

日本の物価上昇率はドイツに比べると低かった。総務省によると、日本の２０２２年の消費者物価総合指数の上昇率は前年比で２・５%、２０２３年は３・２%だった。つまりドイツの２０２３年の物価上昇率は、日本の１・８倍だった。

物価が上昇すれば、財やサービスの合計である名目ＧＤＰも上昇する。実質ＧＤＰと異なり、名目ＧＤＰではインフレの影響が差し引かれていない。このように、ド

イツのインフレが日本よりもはるかに深刻だったことが、ドイツの名目GDPを押し上げる一因となった。

円安が日本の名目GDPを引き下げた

２０２３年に日本の名目GDPがドイツに抜かれたもう一つの理由は、円安だ。ドルに対する円の交換レートが下がったからだ。

IMFの統計はドル建てである。日本銀行によると２０２３年の年初（１月４日）には、交換レートが１ドル＝１３１・30円（１円＝０・００７６ドル）だったが、２０２３年の年末（12月29日）には１ドル＝１４１・40円（１円＝０・００７１ドル）だった。この期間にドルに対する円の交換レートは、約６・６％減ったことになる。

一方この時期に円とは対照的に、ユーロの交換レートはドルに対して改善した。２０２３年の年初（１月４日）には１ユーロ＝１・０５４６ドルだったが、２０２３年の年末（12月29日）には１ユーロ＝１・１０６６ドルだった。つまりこの期間に、ドルに対するユーロの交換レートは、約４・９％改善した。ドルで表した円の価値が下がったのに

図表1-16　2023年にドルに対して円は弱まったが、ユーロは逆に強くなった

	2023年1月4日	2023年12月29日	変化率
円の対ドル交換レート	1円＝0.0076ドル	1円＝0.0071ドル	-6.6%
ユーロの対ドル交換レート	1ユーロ＝1.0546ドル	1ユーロ＝1.1066ドル	+4.9%

資料：日本銀行金融市場局・東京外為市場における取引状況（2023年）
https://www.boj.or.jp/statistics/market/forex/fxdaily/ex2023.pdf

対し、ドルで表したユーロの価値は逆に増えた。これも、ドル建ての統計で、日本の名目GDPが、ドイツの名目GDPよりも少なくなった理由の一つだ。

２０２３年に円安が起きた理由は、日本と米国・欧州の間の金融政策の違いだ。２０２２年から２０２３年にかけて、欧米の通貨当局はインフレ退治のために金融を引き締めたが、日本銀行は引き締めを実施しなかった。このため大きな金利差が生じた。

米国の消費者物価上昇率は、ロシアのウクライナ侵攻が起きた直後の２０２２年3月には8・5%、２０２２年6月には9・1%という高水準に達した。インフレは貨幣価値や市民の購買力を減らすので、通常中央銀行は金融引き締めによってインフレ率を下げようとする。米国の連邦準備制度理事会もその例にもれず、２０２２年

3月以降政策金利を11回も引き上げ、2023年7月には5・5%という高い水準に達した。この「カンフル注射」によって米国のインフレ率は、2024年7月11日には3・1%まで下がった。

ユーロ圏の通貨政策を司る欧州中央銀行（ECB）も似た政策を取った。ユーロ圏のインフレ率は2022年1月には前年同月比で5・1%だったが、ロシアのウクライナ侵攻が始まると急上昇し、同年10月には10・6%という過去最高値を記録した。

ECBは2009年に表面化したユーロ危機以来、ギリシャやイタリアなどを支援するためにゼロ金利政策を続けてきた。だがECBは、ロシアのウクライナ侵攻後の2022年7月にゼロ金利政策と訣別し、政策金利を10回にわたって引き上げた。この結果ユーロ圏の政策金利は2023年9月には4・5%に達した。金融引き締めは、てきめんに効果を発揮した。ユーロ圏のインフレ率は、2022年12月には9・2%だったが、一年後の2023年12月には2・9%、2024年9月には、1・7%に下がった。ECBが適正水準としていた2%を割ったのだ。ユーロ圏で最もGDPが多い経済大国ドイツでも、金利引き上げの効果が現われ、2024年9月の消費者物価上昇率は1・6%まで下がった。

つまりユーロ圏と米国の金融当局は、共同歩調を取って、インフレの火を消すために金融引き締めを行い、一時政策金利をそれぞれ最高4・5%、5・5%という高い水準に引き上げた。

これに対し日本の政策金利は、2016年から2023年までマイナス0・1%という極めて低い水準にあった。2022年・2023年に米国・欧州と日本の政策金利の間に大きな差が生じたことは、円がドルやユーロに対して安くなる傾向につながった。日本銀行は、2024年3月19日にマイナス金利政策を解除していわゆる「異次元緩和」とは訣別したものの、今も基本的には金融緩和政策が続いている。日銀は国債保有残高が多いので、政策金利を大幅に引き上げることが難しい。欧米の中央銀行のように、政策金利を4~5%に引き上げることは事実上不可能とされている。

このように、欧米の通貨当局が、ロシアのウクライナ侵攻が引き起こしたインフレに対処するために政策金利を大幅に引き上げたのに対し、日銀が2023年にはマイナス金利政策を取っていたことが、2023年にドルに対する円安を加速した。これに対しユーロの対ドル交換レートは改善した。ドイツの名目GDPが日本の背後に迫っていたところで、ドイツのインフレと円安が「最後の一押し」となり、2023年に日本とドイツの名目GDPの順位が逆転した。

日独逆転を、働き方を見直すきっかけにするべきだ

日本では、ドイツについてのニュースが大きく取り上げられることは少ない。だが「日独の名目GDPの順位逆転」のニュースは、日本のメディアによって大きく取り上げられた。新聞社や放送局のデスクの間には、日本がドイツに55年ぶりに抜かれたというニュースに、「一つの時代が終わった」という感慨を持った人が多かったのかもしれない。

もう一つ、順位逆転が多くの日本人にショックを与えた理由がある。我々日本人は毎朝満員電車に揺られて職場へ行き、有給休暇も全て消化せずに、毎日のようにサービス残業をしながら働いてきた。滅私奉公を絵に描いたような働き方である。昭和時代には、「働き方改革」という言葉はなかった。私自身、NHKで働いた1980年代に、昼夜を問わない労働を経験した。私は、かつての先輩や同僚の間に、働き過ぎのために身体を壊したり、60歳に達する前に亡くなったりした人を何人か知っている。私は30歳でワシントン特派員に抜擢され、英語で取材することができたためか、パワハラも酷かった。1週間の休暇を取るために、「申し訳ありません」と上司に謝らなくてはならなかった。

本来、長期休暇もとらず、身を粉にして働く国民は、国富を増やし、給料も増えてしかるべきだ。ところが**勤勉な働き者の国・日本は、世界で最も労働時間が短く、たっぷり休暇を取るドイツに抜かれてしまった。**長時間労働が常識となっている国が、短時間労働の国に負けた。「短く働き、休みもたっぷり取る国が、長く働き、休みもあまりとらない国を追い抜いたのはなぜだろう」と首を傾げた人もいるのではないか。「我々の働き方は、正しいのだろうか」と思った人もいるかもしれない。

我々は子どもの時から、「一生懸命まじめに働けば、いつかは成果が出て給料も高くなり、会社や国も栄える」と信じてきた。しかし「失われた30年」を経験した日本の現実は、必ずしもそうはならなかった。**我々日本人は、GDP順位逆転をきっかけに、働き方について考え直す必要があるのではないか？**この問いに対する答えを見つけるために、まず我々を抜いたライバル国ドイツの働き方をじっくり見てみよう。

第2章

ドイツは世界最大の時短国家。働き過ぎを防ぐ仕組みは？

短い労働時間でも経済が回る国

ドイツは、ＥＵで最もＧＤＰと人口が多い国であり、物づくり大国としての底力もある。欧州で最も重要なマーケットの一つである。このためドイツでは、日本企業から派遣された多くのビジネスパーソンたちが働いている。彼らは、日本の自動車、鉄鋼、化学、電機、ＩＴ企業、商社、銀行、保険会社などに属する人々だ。

デュッセルドルフやフランクフルト、ミュンヘンには、日本企業の駐在員たちが加盟する日本人会がある。私は毎年こうした日本人会に依頼されて、ドイツの政治や経済に関わる様々なテーマについて講演を行う。ある時私は講演の後に、デュッセルドルフに駐在している日本企業の社員から、「ドイツ人の労働時間はこれほど短いのに、なぜこの国の企業や経済は回っているのでしょうね？」と質問を受けた。

これはドイツに駐在し、ドイツ人の働き方を見た日本人たちがしばしば抱く疑問である。この日本人社員は、**「多くのドイツ人社員は、仕事が残っていても、夕方になるとさっさと退社してしまうのです」**とこぼしていた。確かにこの国の大半の企業や省庁では、**18時**

頃には、オフィスからは人影が消える。夜遅くまで残業をしている人は、ほとんどいない。いわんや土曜日や日曜日には、誰もオフィスでは働かない。2020年のコロナ禍以降テレワークを行う人が増えてからは、オフィスで見かける人の数はさらに減った。

我々日本人は、「成果を生むには長時間働く必要がある」と考えがちだ。だから日本人は、ドイツ人の労働時間が短いのに、経済の歯車が回っていることを不思議に思うのだ。労働時間が短いドイツの2023年の名目GDPが、労働時間が長い日本を追い抜いたとなれば、違和感はさらに強まる。GDPの順位逆転のニュースを聞いて、「我々日本人の働き方には、どこかおかしい点があるのではないだろうか？」という疑問を持つのは、ごく当たり前のことだ。

ドイツの銀行で「個人の時間を重視する働き方」を目撃

ドイツで午後3時から4時頃に大都市から郊外へ向かう電車（Sバーン）に乗ると、結構混んでいることに気がつく。日本ならばまだ多くの人がオフィスなどで働いている時間に、すでに家路を急ぐ人が多いのだ。土で汚れたつなぎを着た建設労働者の中には、すでに電車の中で瓶ビールを飲んでいる人もいる。電車が4時頃に混む理由の一つは、ドイツ人の労働時間が我々よりも短いからだ。朝7時に仕事を始めて、早めに家に帰る人も多い。

私がドイツ人の働き方を最初に目撃したのは、1980年である。当時私は早稲田大学の政治経済学部で経済学を学んでいた。この大学には、AIESEC（国際経済商学学生協会）の支部があった。AIESECの本部はモントリオールにあり、経済学や経営学などを学ぶ学生に、外国企業などでの研修をさせる国際組織だ。つまり試験に受かれば、外国の企業で研修生（インターン）として働くことができるのだ。観光客としてある国に行くよりも、研修生として働いた方がその国について深く学べることは言うまでもない。

AIESECの日本支部の生みの親の一人は、高橋衛氏という国際ビジネスマンだ。高橋氏が一橋大学在学中の1962年に、他大学の有志たちとともに創設した。高橋氏は、旧富士銀行のパリ支店、デュッセルドルフ支店、ニューヨーク支店などで勤務した後、同行の役員になった。私が大学生だった頃、AIESEC支部は東京大学、一橋大学、早稲田大学、慶応大学などに置かれていた。早稲田大学の経済学部では、外国に興味を持つ学生の間に、AIESECを利用して外国で短期間働いたことのある人が何人かいた。

私はAIESECの経済学と語学の試験に合格したので、1980年の夏に3カ月間、ドイツ銀行オーバーハウゼン支店で研修生として働いた。ほんのわずかだったが、給料も稼いだ。生まれて初めて、企業での仕事で稼いだ給料だった。この頃はインターネットやスマートフォンがなかっただけではなく、国際電話も料金が高くてなかなかかけられなかったので、私は3カ月間にわたり日本語を一度も話さなかった。このためドイツ語の力は大きく向上した。

オーバーハウゼンは西ドイツ（当時）のルール工業地帯の一都市である。隣町デュイスブルクの学生寮に泊まった。この地域ではかつて石炭の採掘が盛んに行われたので、「コーレンポット（石炭容器）」というあだ名が付けられていた。列車の窓を開けておくと、褐炭火力発電所などからの排煙の匂いが、鼻を突いた。炭鉱の町だったので、トルコ人など外国人労働者も多かった。ドイツ人の間では、あまり人気がない地域だった。ここに住むドイツ人たちの中には、ドイツの他の地域に引っ越したいと考えている人が多かった。

私は、オーバーハウゼンの商店街の一角にあったドイツ銀行の支店で、国際部に配属された。地元企業の外国送金などのためにテレックスを打つ仕事を任された。午後5時になると行員たちは、同僚に「シェーネン・アーベント・ノホ：Schönen Abend noch（楽しい夕方を過ごして下さいね）！」と言って家路についた。夜遅くまで残業をする人は、一人もいなかった。ただし木曜日だけは6時ごろまで働く不文律があり、「仕事時間が長くていやな木曜日（シュラード：Schlado）」と呼ばれていた。その代わり、金曜日には、時計の針が3時を指すと、「シェーネス・ヴォッヘンエンデ：Schönes Wochenende（良い週末を）！」と同僚たちに声をかけて、退社する人が多かった。こうすれば、金曜日の夕方から日曜日の夜までを丸々、自由時間として楽しめる。

北国ドイツでも夏には晴天の日が多く、気温が上昇する。このため夏には、早々に退社して家族や友人との時間を楽しむ人が多かった。当時のドイツでは、今よりも冬が長く厳しかった。地球温暖化の影響で、今のドイツでは、冬の寒さが厳しい期間は11月から2月までの4カ月程度になったが、1980年には、厳しい寒さが11月から4月まで約6カ月続いた。当時は、冬に雪が降ることも今日より多く、毎日どんよりとした曇り空が続き、なかなか太陽の光を浴びることができなかった。このため人々は夏の間に、日光浴を大いに楽しんだ。湖に行って、泳ぐ人も多かった。ドイツにはサマータイムがあるので、夜9時頃になっても明るい。これも短い夏をとことん楽しむための工夫の一つだった。

金曜日には私もドイツ人社員たちのように、早めに退社した。他の行員が退社した後に、ぽつんと独りでオフィスに座っていても意味がない。当時デュイスブルクには、フィンランド、英国、オランダ、アイルランドなどの学生たちが、やはりＡＩＥＳＥＣの研修のために滞在していた。私は金曜日の夕方には彼らと、ビールを飲みに出かけた。空気が乾いている夏のドイツで飲むビールは、格別だった。ドイツ人、オランダ人、フィンランド人の友人たちと金曜日の夕方にアムステルダム行きの列車に乗り、二泊三日の週末旅行を楽しんだこともある。オランダは、私が働いていたルール工業地帯から目と鼻の先である。

私はこの時すでに、**「ドイツ人は残業せずに、自分の時間を大切にするのだな」**ということを学んだ。私は、この支店では「仕事によって自己実現を果たそう」とか「顧客のために貢献しよう」という熱意に燃えた人よりも、「仕事は生活の糧を稼ぐための手段」と割り切っている人が大半だと感じた。「バリバリ働いて出世しよう」という野心に燃えた行員は、いなかった。

ドイツでの生活は面白かったが、銀行の仕事は単調だと思った。私は大学卒業後、銀行には行かずにＮＨＫの試験を受けてジャーナリストになった。

私は３カ月の研修の後、神戸放送局に配属されて、５年間警察・司法の取材に没頭した。いわゆる事件記者である。ドイツ銀行・オーバーハウゼン支店での日常とはうって変わって、グリコ森永事件、朝日新聞阪神支局襲撃事件、広域暴力団山口組対一和会の抗争などの取材に忙殺され、プライベートな時間はほとんどなかった。神戸は事件が多く、全国ニュースに顔が出ることが多いので、当時のNHKでは出世コースとして知られており、新入社員の間では神戸への赴任を希望する記者が多かった。

ただし事件記者として夜討ち朝駆けの毎日を続けていても、会社の時間と個人の時間をはっきり区別するドイツ人たちの生き方、金曜日の夕方から日曜日の夜まで自分の時間を楽しむドイツ人たちの姿が、頭の隅に残っていた。

神戸・三宮のスナックでウイスキーの水割りを飲み、警察官や検察官らと深夜までカラオケを唄って人間関係を築く。刑事や検事たちは、遊びながらも、「この人物は信頼できるだろうか」と記者をじっくり観察している。日本ではこういう「お付き合い」なしには、特ダネを取ることはできない。刑事や検事たちは、「信頼できない」と感じる記者には、特ダネ情報は与えない。つまり深夜のお付き合いは、信頼醸成のための努力である。飲み会が終わってアパートにたどり着くのは、午前1時だ。そうした生活をしながらも、私の心の底には、「これだけが人間の暮らしではない。この地球には、個人の生活が許される国もある」という明白な認識があった。西ドイツでの銀行研修から10年後、ワシントン特派員だった私はNHKを退職して、統一直前のドイツに降り立った。

世界で最も労働時間が短い国

ドイツは世界最大の時短国家である。ＯＥＣＤの統計によると、２０２３年のドイツの労働者１人当たりの労働時間は１３４３時間だった。これはＯＥＣＤに加盟している38ヶ国の中でいちばん短い。ドイツの労働時間は、日本の１６１１時間に比べて２６８時間（17％）も短い。日本は労働時間が短い順に数えて、第15位だ。**1日の労働時間を10時間とすると、ドイツの労働時間は日本よりも約27日分短いことになる。**

ＯＥＣＤの平均労働時間は１７４２時間だったので、ドイツの労働時間はＯＥＣＤの平均よりも３９９時間短い。しかもドイツの労働時間はどんどん短くなっている。ドイツ人たちは今から34年前の１９９０年には、１５７３時間働いていた。２０２３年の労働時間は１９９０年に比べて２３０時間も減った。14・６％の減少である。さらに時代をさかのぼると、ドイツ人は１９８０年には１７４６時間働いていた。つまり２０２３年の労働時間は、１９８０年に比べて４０３時間（23％）短くなった。

ドイツ経済研究所（ＤＩＷ）も、２０２４年1月に公表した研究報告書の中で、「ドイツの企業や役所で働いている人の1週間の労働時間は、1991年から2021年までに減る傾向を示した」と指摘している。

ドイツ人の労働時間は、コロナ禍が起きた2020年には1316時間となり、前年比で4・2％もしくは57時間短くなった。日本でも2020年にはコロナ禍のために、前年比で労働時間が短くなったが、その減少率は2・9％に留まった。

ドイツの2020年の労働時間の減少率が日本よりも大きい理由は、ドイツ政府が日本政府よりも厳しいロックダウンを実施したためだ。ドイツでのコロナによる被害は、日本よりもはるかに深刻だった。2020年11月29日の時点でドイツの累積死者数は1万4159人。日本（1943人）の7・3倍だった。

欧州で最初にコロナ患者が確認されたのは、イタリア。西欧諸国での初期のコロナ被害は、酸鼻を極めた。イタリア北部のベルガモではコロナによる死者が急激に増えたため火葬場での遺体の焼却が間に合わず、軍が多数のトラックに遺体を積んで他の地域に搬送したほどだ。当時ドイツ人たちは、イタリアと同じような惨事が自分たちの国でも起きるのではないかと戦々恐々としていた。

このためドイツ政府はロックダウンを実施し、大部分の商店、全ての飲食店やホテル、劇場、映画館などの営業を法律で禁止した。多くの市民が職場で働けなくなった。ミュンヘンの商店街でも人影が絶えて、ゴーストタウンのようになった。工場などではリモート・ワークができないため、生産ラインの稼働時間が短縮され、生産額が減った。さらに学校や幼稚園も一時閉鎖されたために、多くの労働者が自宅で子どもの世話をしなくてはならなくなった。このため勤め人の中には、フルタイムからパートタイムに切り替えた人も多かった。

これに対し日本では飲食店などの「営業自粛」は行われたものの、当時の安倍政権は、ドイツ政府が行ったような、法律で営業を禁止するロックダウンには踏み切らなかった。このため２０２０年のドイツの労働時間は、日本よりも大きく減ったのだ。

だがその後の日独間の労働時間の傾向には違いが見られる。ドイツでは２０２１年にはコロナ禍の影響が前年に比べると弱まり、労働時間が１３４８時間となり前年よりも２・４％または32時間増えた。しかし２０２２年には１３４７時間、２０２３年には１３４３時間と徐々に減る傾向を見せている。

日本でも２０２１年の労働時間（１６０７時間）は前年比で０・６％または10時間長くなった。しかし日本の労働時間はドイツと対照的に、２０２２年には１６０７時間で横ばい、２０２３年には１６１１時間と増加した。コロナ禍の影響が収まって日本では徐々に労働時間が増えているのに対し、ドイツでは労働時間が少しずつ短くなっている。

ちなみにドイツの労働時間が２０２２年の日本とほぼ同じ水準だったのは、１９８８年（１６１９時間）である。**つまり日本の労働時間は、ドイツで言えば36年前の状態にある。我々は労働時間の短縮という意味では、ドイツに比べて36年遅れている。**

ドイツ連邦統計局によると、２０２２年にドイツ人が１週間に働いた平均労働時間は34・７時間で、欧州ではオランダ、デンマーク、ノルウェーに次いで４番目に短かかった。ＥＵの平均労働時間・37時間よりも、６・２％短い。34・７時間を５日で割ると、１日の平均労働時間は６・９時間になる。単純に計算すると、朝８時に仕事を始めれば、１時間の昼休みを挟んで、16時頃には退社することになる。ただし経営者と労働組合が賃金協定で決める「所定労働時間」は業種によって異なる。たとえば金属・電子・機械メーカーなど製造業界では、１週間の所定労働時間は35時間だ。

厚生労働省の就労条件総合調査によると、２０２３年の日本企業の所定労働時間は平均39時間４分、１日当たりの所定労働時間は平均７時間47分だった。つまりドイツの製造業界の労働者の１週間の所定労働時間も、日本人より約４時間短い。

図表2-1　ドイツの労働時間は、OECDで最も短い

OECD加盟国の年間平均労働時間の比較（2023年）

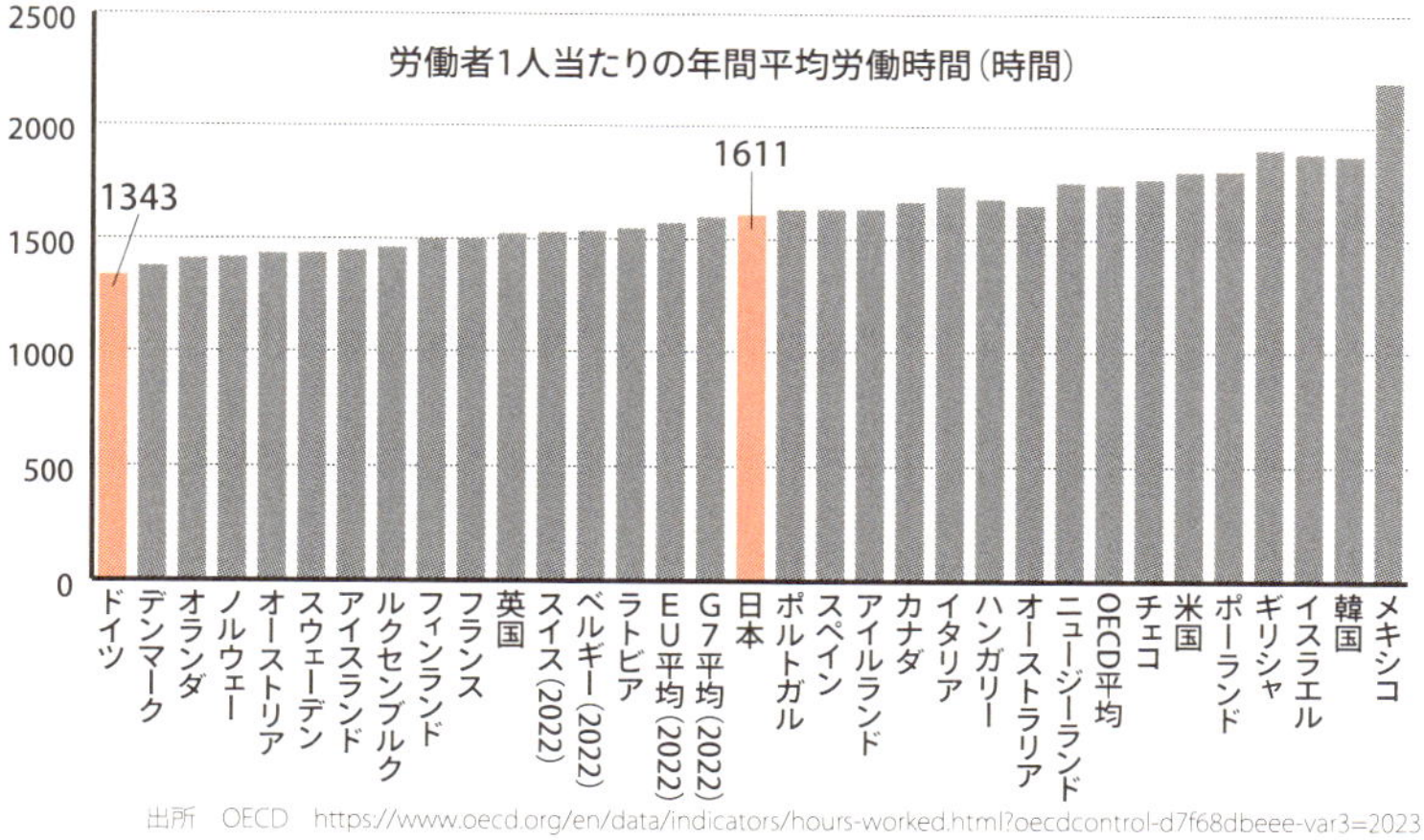

出所　OECD　https://www.oecd.org/en/data/indicators/hours-worked.html?oecdcontrol-d7f68dbeee-var3=2023

図表2-2　1990年代以来、ドイツの労働時間は短くなる傾向にある

ドイツの労働者1人当たりの労働時間の推移

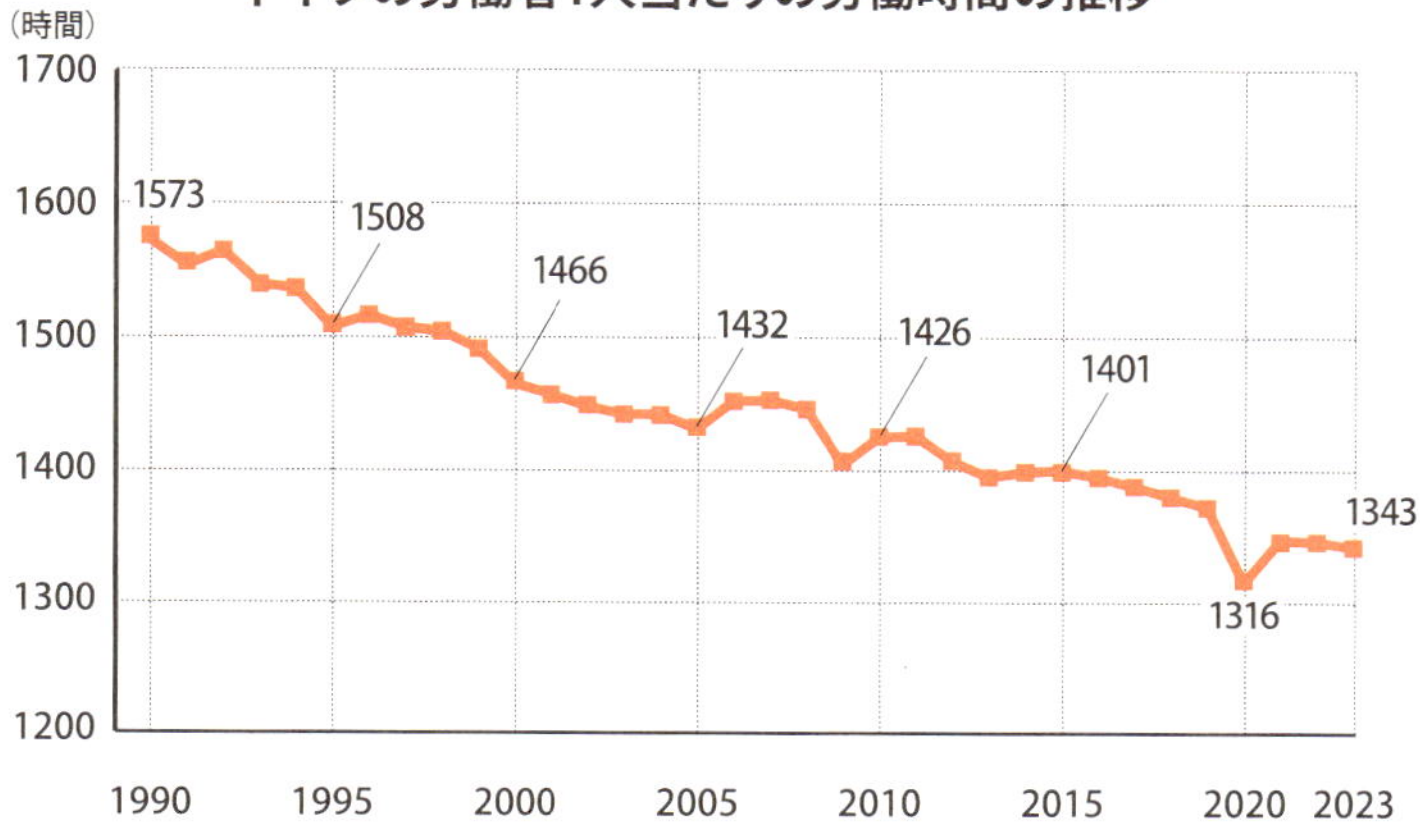

出所　ドイツ連邦統計局

図表2-3　ドイツの週労働時間は、EU平均よりも短い

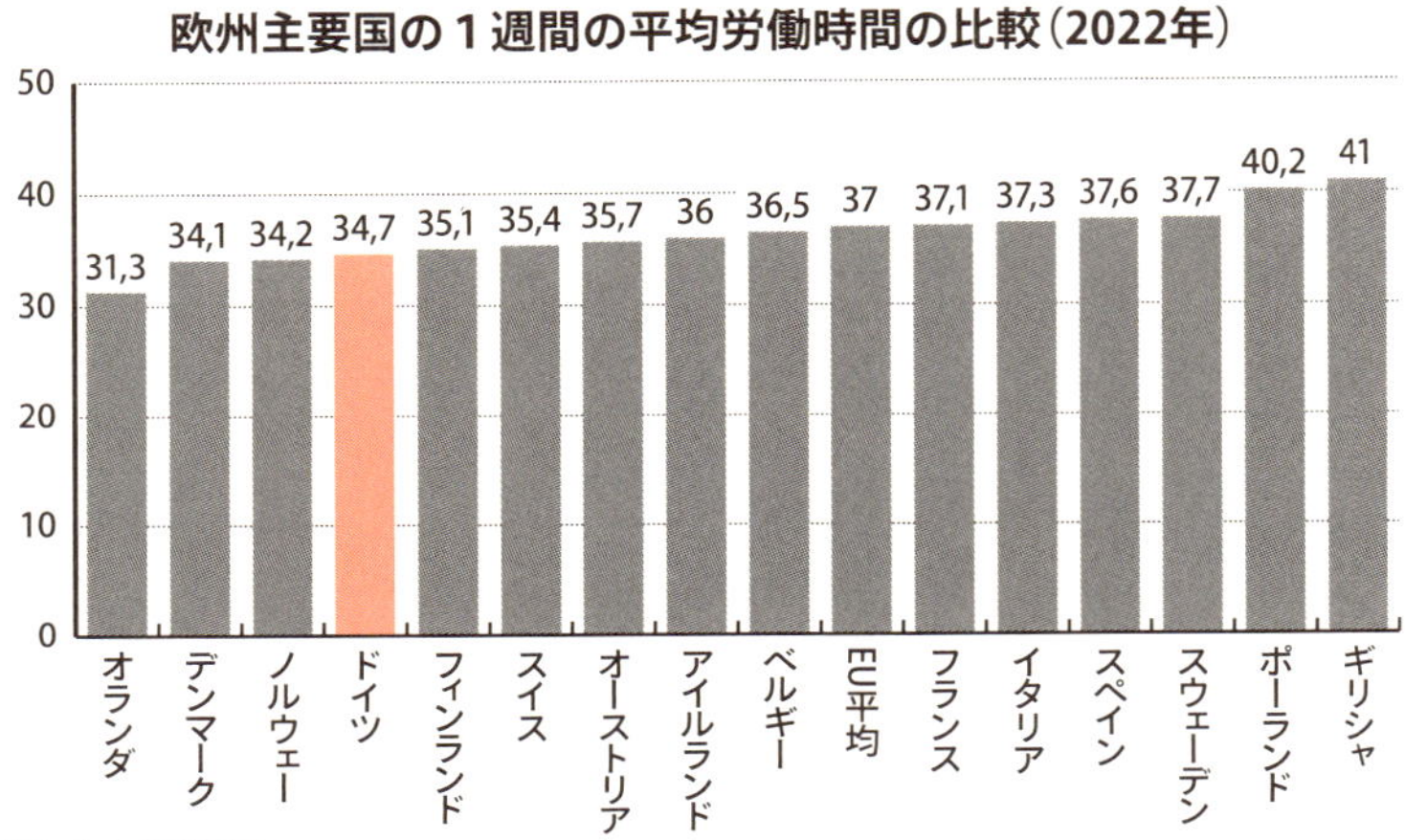

資料　ドイツ連邦統計局
https://www.destatis.de/DE/Themen/Arbeit/Arbeitsmarkt/Qualitaet-Arbeit/Dimension-3/woechentliche-arbeitszeitl.html

図表2-4　コロナ禍後、日本では労働時間が微増。ドイツでは減少傾向

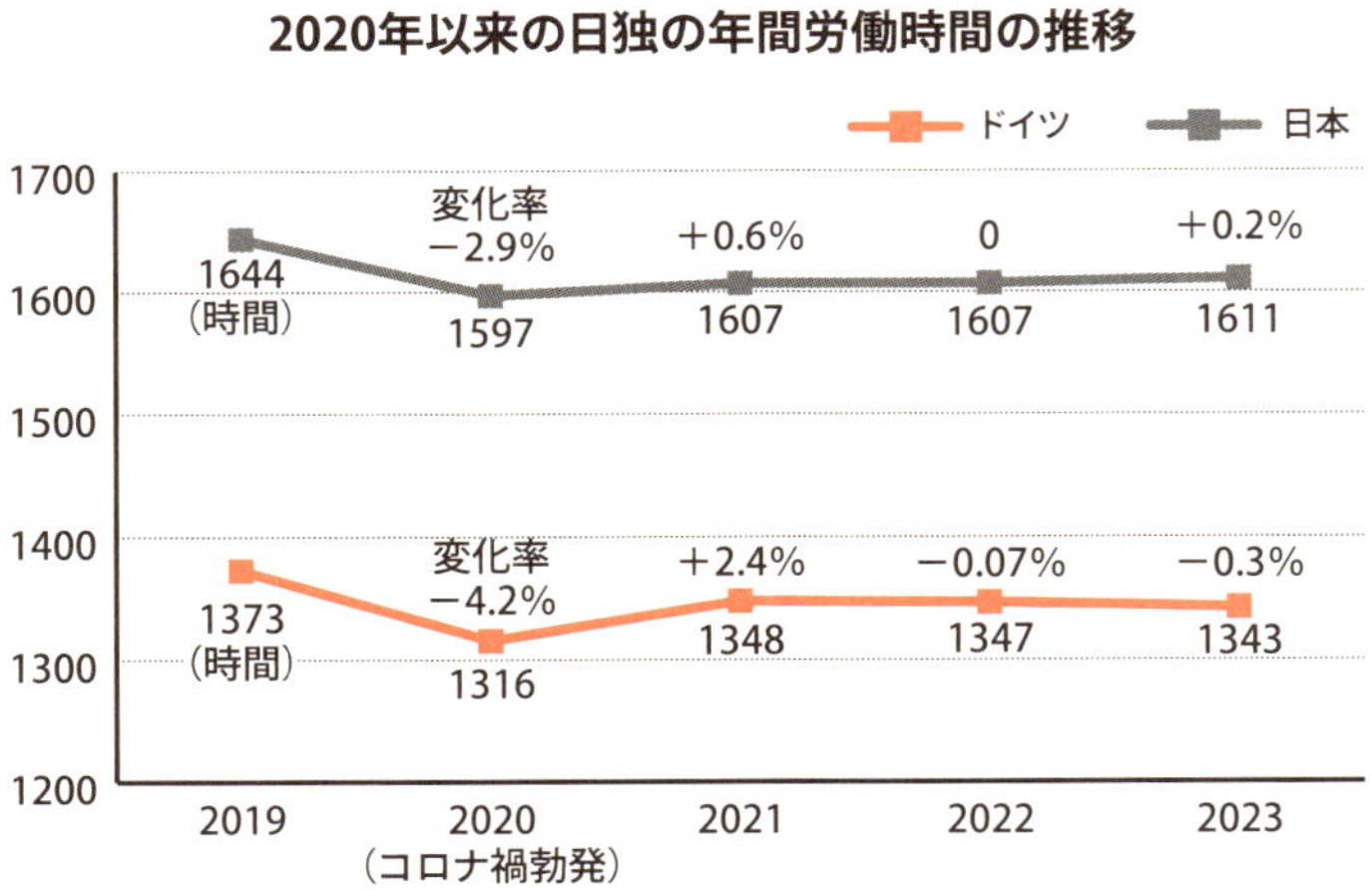

資料　OECD　https://data-explorer.oecd.org/

法律で労働時間を厳しく規制

なぜドイツの労働時間は、日本よりも大幅に短いのだろうか。理由は二つある。**労働時間に関する、法律による規制・監督が日本よりもはるかに厳しいことと、効率性を重視しムダを嫌う国民性だ。**

企業や省庁、商店などで働く市民の労働時間は、1994年に施行された「労働時間法（ArbZG）」によって制限されている。この法律によると、平日つまり月曜日から土曜日のオフィスや商店などでの1日当たりの労働時間は、8時間を超えてはならない。1日当たりの最長労働時間は10時間まで延長することができるが、その場合にも6ヶ月間の1日当たりの平均労働時間は、8時間を超えてはならない。つまり**ドイツの企業や役所、商店などでは、1日当たり10時間を超える労働は、原則として禁止されている。**

例外が認められているのは管理職、病院の医長やパイロットなどごく一部の就業者だけである。

さらに、企業は社員に1日当たり最低30分の休憩時間を与えなくてはならないほか、1

日9時間を超えて働く場合には、最低45分の休憩時間が必要になる。1日の労働と次の日の労働の間には、最低11時間の間隔を置かなくてはならない。

また労働時間法は、日曜日と祝日の労働を原則として禁止している（医師、看護師、救急隊員、消防隊員、ジャーナリストなどを除く）。

労働時間が厳しく制限されている理由は、働く者の健康を守るためだ。これをドイツ語でArbeitsschutz（労働の悪影響から人間を守ること）と呼ぶ。この背景には、「長時間労働は、身体や精神に悪い」という基本的な合意がある。もちろん日本でも「働き過ぎは身体に悪い」と思われているが、ドイツではこの考えが日本以上に社会に浸透しており、働き過ぎを防ぐメカニズムが実践されている。

長時間労働をさせる企業には最高500万円の罰金

労働時間の規制についてドイツが日本と最も異なる点は、この法律が日本よりも厳しく守られている点だ。読者の皆さんは「日本でも労働基準法の第32条によって、1週間の労働時間の上限は40時間、1日8時間と決まっている」と考えるかもしれない。だが日独の労働時間規制の間には、大きな違いがある。それは、ドイツでは事業所監督局（日本の労働基準監督署に相当する）が時々立ち入り検査を行って、企業が労働時間法に違反していないかどうか厳しくチェックするということだ。事業所監督局の係官はときおり事前の予告なしに企業を訪れて、電子タイムカードなどを調べて就業者の労働時間をチェックする。

事業所監督局が立ち入り検査を行った結果、経営者が社員を組織的に毎日10時間を超えて働かせていたことが発覚すると、経営者は最高3万ユーロ（480万円）の罰金を科される可能性がある。この罰金額は、以前は1万5000ユーロだったが、2023年12月から2倍に引き上げられた。経営者が繰り返し社員に長時間労働を行わせていた場合など、悪質なケースになると、経営者が検察庁に告発され、最高1年間の禁固刑を科される可能性もある。つまり経営者は、社員を10時間以上働かせていると、「犯罪者」になってしまうかもしれないのだ。

たとえば2009年4月には、テューリンゲン州の事業所監督局が、ある病院を長時間労働の疑いで摘発した。事業所監督局は医長に対し、医師らに1日当たり10時間を超える労働をさせていたという理由で、6838ユーロ（109万円）の罰金を支払うよう命じた。

ドイツで長時間労働が摘発されるケースが多い業種は病院、ＩＴ企業、建設業界だ。ほとんどのケースは、社員が監督官庁に対し「この会社では10時間を超える労働が常態化している」と通報することによって摘発される。

２０１３年にはある大手ＩＴ企業の社員が、ニュース週刊誌シュピーゲルに対して、「私が働いている会社は、数年前から、労働時間法に違反している。ノルマを果たすためには、１週間に50～60時間働くのが普通になっている。電子タイムカードなどによる労働時間の記録も行われていないし、残業代も払われていない」と不満を訴えていた。ちなみに全てのドイツ企業は、連邦労働裁判所が２０２２年9月13日に下した判決により、電子タイムカードなどによって社員の労働時間を記録することを義務付けられている。

このため**ドイツ企業の経営者は、社員を1日10時間以上働かせないように、細かい神経を使う。その神経の使い方は、日本企業を上回る。**「繁忙期だから」とか「顧客が強く要望しているから」という言い訳も通用しない。ドイツの企業ごとの労働組合は「事業所評議会（Betriebsrat）」と呼ばれる。事業所評議会は、労働時間が10時間を超えていないかどうかについて厳しく監視する。

ある企業では、社員が使っているＰＣの画面に「あなたの今日の労働時間は、まもなく10時間になります。１日当たり10時間を超える労働は法律で禁止されています。直ちに退社して下さい」という警告が表示され、社員に仕事をやめるように促す。このような警告を受ければ、社員も退社するだろうから、良いアイデアである。

ドイツの企業では、電子タイムカードを労働時間の記録機械に触れさせて退社したことにしてから、オフィスに戻って働き続ける行為は「労働時間をめぐる詐欺的行為」と見なされて、発覚した場合解雇される危険がある。クビになるリスクを冒してまで残業する人はいない。

またドイツでは、「サービス残業」はあり得ない。残業が必要になるということは、仕事の量に比べて社員の数が足りないことを意味する。経営者は、顧客からの受注の増加などのために「残業が必要」と判断した場合、まず事業所評議会に残業についての同意を求めなくてはならない。つまり事業所評議会が同意しない限り、残業はあり得ない。

多くのドイツ企業の社員は、「時間口座」を持っている。口座がプラスであれば、実働時間が所定労働時間を上回っていることを示し、マイナスであれば、実働時間が所定労働時間よりも少ないことを示す。マイナスの状態が続くと、上司から注意されたり、給料を減らされたりする可能性がある。プラスが多い人は、代休を取るか、繁忙期ではない時期に早く退社することによって、残業時間を減らす。

代休を取ったり、早く退社したりしても時間口座に残業時間が残る場合には、社員に残業代が支払われる。その際には事業者評議会が残業に同意することが前提だ。ただし残業代は1分ごとに支払われるので、かなり高くなる。したがって経営側は人件費の増加を防ぐために、できるだけ社員に残業をさせないようにする。これも、経営者が社員の労働時間をなるべく短くしようとする理由の一つだ。これらの事実から、社員が残業代をもらわないで残業を行うサービス残業はドイツではあり得ないということが理解してもらえるだろう。管理職にとっては、限られた人数の社員をいかにうまくやり繰りして成果を生むかが、腕の見せ所になる。

労働時間が長い会社には優秀な人材が集まらない

企業が社員に長時間労働をさせないもう1つの理由は、企業のイメージを守るためだ。メディアが「ある会社は組織的に社員を毎日10時間以上働かせて、労働時間法に違反していた」という事実を報じると、企業のイメージに深い傷がつく。現在ドイツでは人材不足が深刻化している。機械製造やIT、生成AIなどの知識に長《た》けた高学歴の人材の奪い合いが起きている。

「あそこは長時間労働をさせるブラック企業だ」と思われたら、優秀な人材が集まらなくなる。これは企業にとって、深刻なダメージである。だから多くのドイツ企業は、「働きやすく、ワークライフバランスが良好な会社」というイメージを前面に押し出そうとしている。そういう印象を持ってもらわないと、優れた働き手は他の会社へ行ってしまう。その意味で、1日の労働時間が10時間を超えない、長時間労働をさせないというのは、この国の企業にとって正に「イロハのイ」である。

私は、デュッセルドルフのある日本企業の駐在員から、こんな話を聞いた。「ドイツのメディアが日本の労働条件について時々報じるので、最近はカローシ（過労死）という言葉がドイツでもよく知られています。このため、一部のドイツ人が『日本企業では労働時間が長い』という先入観を抱くので、なかなか優秀な社員が集まらず、困っています」。デュッセルドルフ以外でも、「日本企業の労働時間はドイツよりも長い」と考えているドイツ人は少なくない。我が国の長時間労働は、1万キロ離れたドイツで、日本企業に社員が集まりにくくなるという、一種の風評被害を引き起こしている。

企業によっては、事業所監督局から労働時間法違反のために摘発された場合、罰金を会社の予算からではなく、社員に10時間を超える労働を行わせていた課の管理職に払わせる会社もある。部長や課長は５００万円近い罰金を自腹で払わされてはたまらないので、どんなに業務が多忙な時でも社員に帰宅を促す。部下に毎日10時間を超える労働を強《し》いていた管理職は、社内でも上司や事業所評議会から厳しく批判されて、昇進の道は閉ざされるだろう。**部下を10時間以上働かせなくては成果を上げられない管理職には、「無能」という烙印《らくいん》が押されるのだ。**

もちろん１９９０年代には、60歳を超えていた管理職が、19時頃に一つ一つオフィスを回って（当時ドイツの企業のオフィスは、基本的に１人部屋か２人部屋だった）、誰が仕事をしているかチェックしていたという話を聞いたことがある。毎日遅くまで働いていたある社員は、その後この管理職によって目をかけられて、出世したという。だがこれはドイツでも昔の話であり、今日では「時代錯誤」と思われるだけだ。

ドイツには、「金曜日の午後は働かない」という会社もある。私はある日、バイエルン州のある検査会社に電話をかけた。それは、金曜日の12時５分頃だった。すると電話口に出た社員が、「我が社では金曜日の業務は12時に終わります。月曜日の午前中に電話をかけ直して下さい」と言われた。土日に働かないことは、言うまでもない。この会社の社員にとっては、金曜日の12時に週末（ウイークエンド）が始まるのだ。日本では考えられないような、「社員本位」の会社だなあと思った。日本だったら、電話をかけ直せと言われたお客さんは怒ってしまうだろう。だが**ドイツでは、顧客も含めて「自由時間は、侵してはならない聖なるもの」という社会的な合意があるので、怒る人はいない。**

１９９０年代には、ドイツの中規模の金融サービス会社Ｆ社でも、「金曜日の午後には、顧客が訪問を希望しても、アポイントメントを受け付けない」という不文律があった。顧客もそれを知っていて、Ｆ社を金曜日に訪問して打ち合わせを行う場合には、昼までに終わらせるというルールを守っていた。Ｆ社では多くの社員が、金曜日のコア・タイムが終わる午後3時には、退社していたからである。ここでも「自由時間は侵してはならない聖なるものであり、仕事よりも優先される」という考えが息づいていた。

1年に30日間の有給休暇

さて我々日本人がドイツ社会を見てうらやましく思うのは、会社や役所、商店などでの1日の労働時間が、法律によって10時間に厳しく制限されていることだけではない。企業経営者たちは、「1963年つまり今から半世紀以上前に施行された「連邦休暇法」によって、社員に毎年最低24日間の有給休暇を与えることを義務付けられている。

しかも実際には、ドイツの大半の企業が社員に毎年24日間ではなく、30日間の有給休暇を与えている。それどころか、自主的に33日間の有給休暇を与えている企業もある。**つまり丸々1ヶ月間は、給料をもらいながら休めるのだ。**

これに加えて、残業時間を1年間に10日間まで代休として消化することを許している企業も多い。つまり、多くの企業では約40日間の有給休暇が与えられていることになる。社員が残業時間を代休として消化する方が、企業は残業代を払わなくて済むので有利なのだ。

これに加えて、祝日も多い。クリスマスや元日、イースター（復活祭）、東西ドイツ統一記念日のように全国共通の祝日は、9日である。

この他、宗教上の理由などで特定の州や町だけに認められている祝日もある。10月31日の宗教改革記念日はその例だ。この日は、ブランデンブルク州など、プロテスタント教徒が多い州だけ祝日になっている。

日本よりも地方分権を重視する傾向が強いドイツでは、州政府や自治体が独自の祝日を制定する権利を認めている。たとえば「聖母の被昇天の日（8月15日）」は、バイエルン州でもカトリック教徒が多い地域の祝日だ。1618年から1648年まで続いた30年戦争の終結を記念する8月8日の「平和の日」は、バイエルン州のアウグスブルクという町だけの祝日である。このためアウグスブルクは、ドイツで最も祝日が多い町になっている。

この他に、公式な祝日ではないが、企業が自主的に社員に休みを与える日もある。たとえば毎年2月～3月に行われるカーニバル（謝肉祭）の火曜日（2024年には2月13日だった）とクリスマス・イブの12月24日は、公式な祝日ではない。しかしこれらの日には、ドイツの大半の会社が休業するので、ビジネスパーソンにとっては事実上の祝日となっている。商店もカーニバルの火曜日やクリスマスイブには、午前中だけ営業し、正午には仕事をやめる。

土日も入れると、ドイツ人の会社員や公務員は毎年約150日休んでいることになる。1年365日の内41％は働かないのに、会社や役所が回っている。そうした時短先進国が経済大国としての地位を保っているだけではなく、2023年の名目GDPが日本を抜いた。これはやはり驚くべきことである。

ドイツの試用期間直後の有給休暇日数は、日本の3倍

ドイツが休暇大国であることは、他の国と有給休暇や祝日の数を比べるとはっきりする。私は、OECDが2020年に発表した統計などを使って、各国で労働者が通常取る有給休暇の日数または、各国の法律で定められた最低有給休暇の日数、祝日の数を計算してみた。

ドイツの法律が定める最低有給休暇の日数は24日だ。しかしドイツの大半の企業は30日の有給休暇を与えている。この日数と祝日の日数（12日〜13日）を足すと、42日〜43日となり世界最高である。日本の法律によると、働き始めて試用期間をパスした人の最低有給休暇日数は10日。勤続年数が増えると、20日まで増えていく。これに祝日の数（16日）を足すと、26日〜36日であり、ドイツに水を開けられている。日本では祝日の数は多いのだが、有給休暇でドイツに負けている。

日本企業では、勤務年数によって有給休暇の日数が増えていく。たとえば6カ月の試用期間が終わると10日間の有給休暇を与えられ、3年半以上働いた人の有給休暇日数は14日、

図表2-5　ドイツの有給休暇と祝日の合計日数は世界最高

主要国の有給休暇・祝日の日数（2020年）

国名	1・法定最低有給休暇の日数もしくは、通常労働者が取る有給休暇の日数	2・祝日の日数	1+2　合計
ドイツ*	30	12〜13	42〜43
日本	10〜20	16	26〜36
フランス	25	11	36
イタリア	20	12	32
英国	20	8〜10	28〜30
米国**	0	11	11
ポーランド	20〜26	13	33〜39
スイス	20	7	27
シンガポール	7〜14	11	18〜25
スペイン	22	14	36

*ドイツの法定最低有給休暇日数は24日だが、大半の企業が30日の有給休暇を与えており、管理職以外は有給休暇を100％消化する。
**米国には法律で定められた、最低有給休暇日数はない。有給休暇日数の決定は、企業経営者に任されている。

資料：OECDなどから筆者が集計
https://www.oecd-ilibrary.org/sites/5a700c4b-en/1/3/5/index.html?itemId=/content/publication/5a700c4b-en&_csp_=d31326a7706c58707d6aad05ad9dc5ab&itemIGO=oecd&itemContentType=book

勤続年数が6年半を超えると、20日間の有給休暇を取れる。

日本の特徴は、試用期間が終わっても、法律が定める有給休暇の最低日数は10日と非常に少ないことだ。ドイツの大半の企業では、6カ月間の試用期間を無事にパスすれば、最初から30日間の有給休暇が与えられる（もちろん、試用期間が終わっていきなり長期休暇を取る新入社員はほとんどいないが）。これに対し日本企業で働き始めた社員の有給休暇日数は、10日間。ドイツの3分の1だ。この面でも、日本の勤労者はドイツの勤労者に比べて不利な立場に置かれている。

なお日本よりも厳しいのが、米国だ。米

国では、法律による最低有給休暇日数は定められていない。有給休暇の日数は、経営者の判断で決められる。ドイツに比べると労働者の権利が制限された、企業経営者にとって都合の良い「休暇小国」である。「米国の会社員は、休暇中に自分の仕事を他の人に奪われるのが怖いので、ドイツ人のように2〜3週間の休暇を取らない」と聞いたことがある。ある米国人弁護士は、「私の法律事務所では、30日まで有給休暇を取れる。しかし全部消化する人はいない。せいぜい半分消化する程度だ」と語っていた。つまり、米国の会社員たちは、ドイツの会社員のように安心してまとまった休暇を取れない。米国では、ドイツほど法律で労働者の休む権利が保障されていないのだ。

米国人の目には、有給休暇の最低日数まで政府が法律で決めるドイツは、社会主義国と映るだろう。

ドイツの平社員の有給休暇消化率は100%

日本とドイツの間にある大きな違いが、有給休暇の取得率である。旅行会社エクスペディアは、毎年有給休暇の取得率の国際比較を発表している。

図表2-6　日本の有給休暇取得率は、主要国の中で最低

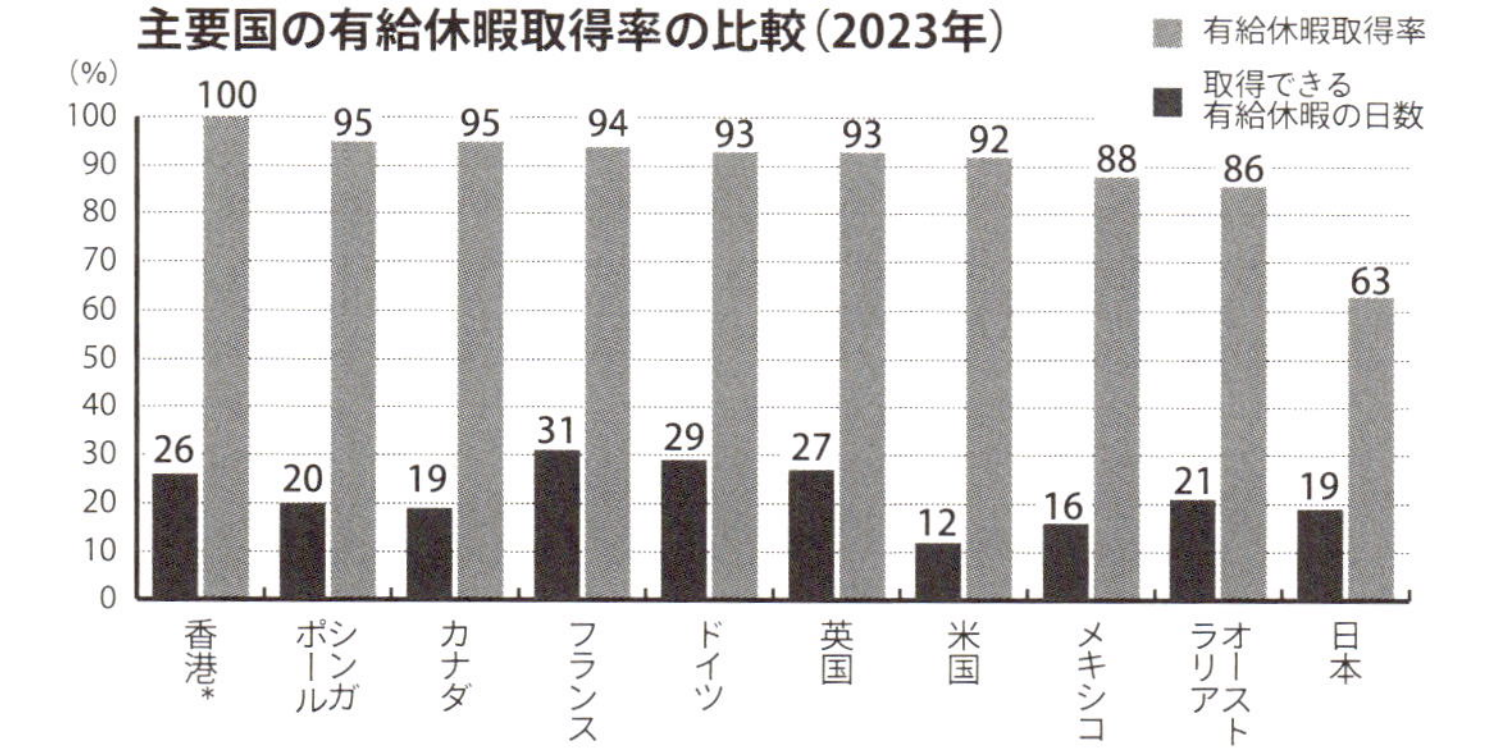

*　エクスペディアのサイトでは香港では有給休暇の取得率が108%になっているが、ここでは100%とした。

資料　エクスペディア　2024年6月20日発表
https://www.expedia.co.jp/stories/vacation-deprivation2023/#:~:text=%E3%82%A8%E3%82%AF%E3%82%B9%E3%83%9A%E3%83%87%E3%82%A3%E3%82%A2%E3%81%8C%E5%AE%9F%E6%96%BD%E3%81%97%E3%81%9F,%E6%9C%80%E4%B8%8B%E4%BD%8D%E3%81%A8%E3%81%AA%E3%82%8A%E3%81%BE%E3%81%97%E3%81%9F%E3%80%82

同社が２０２４年６月に発表した調査内容によると、**２０２３年の日本の有給休暇取得率は63%で、同社が調査した11カ国の中で最低だった。香港は１００%、シンガポールとカナダは95%、フランスは94%、英国は93%と日本に大きく水を開けている。**エクスペディアの統計によると、ドイツの有給休暇取得率は93%になっている。ただし、私がドイツで見聞きしている限りでは、この国の企業では管理職を除けば、有給休暇の取得率は１００%だ。

日本の企業では、今年度取り切れなかった有給休暇を来年に繰り越すということが、よく行われる。だがドイツの企業では、有給休暇の翌年への繰り越しは、滅多に行

われない。ある年の休暇は、12月31日までに全部取るのが普通だ。つまり**ほとんどのドイツのビジネスパーソンが有給休暇を全部消化しているのに対し、日本では半分強しか取っていない。**30日間は、会社のために働かなくても給料が入るのだから、有給休暇というのは重要なベネフィット（恩恵）である。自分からこのベネフィットを放棄するのは、損であり合理的ではない。昭和時代の日本企業には、有給休暇を取らないで仕事をすることは、上司から「会社に忠実な社員」として評価される傾向があった。ドイツでは、有給休暇を取らないで仕事をしても、上司からは全く高い評価を受けない。「変人」と見られるだけだ。

ドイツ人が有給休暇を100％消化できる理由

なぜドイツ人は有給休暇を全部消化できるのだろうか。いくつか理由がある。

ドイツの企業で平社員が有給休暇を完全に消化しないで残しておくと、管理職から「あなたはなぜ有給休暇を全部取らないのか」と詰問される。

管理職は、事業所評議会から**「なぜあなたの課には、有給休暇を100％消化しない社員がいるのか。あなたの仕事の配分や、人事管理のやり方が悪いので、社員が休みを取り**

にくくなっているのではないか」と追及されるかもしれない。したがって、管理職は上司や組合から白い目で見られたくないので、部下に対して、有給休暇を100％取ることを事実上義務付けている。

つまりドイツの平社員は、上司が社内で怒られないようにするためにも、30日間の有給休暇を完全に消化しなくてはならない。日本人の我々の目から見ると、「有給休暇を取らなくてはならない」というのは、なんと幸せなことだろうか。しかも、毎年30日、つまり6週間である。

休むことに罪悪感を持たない

2016年にエクスペディアが発表した調査結果によると、「有給休暇の日数が足りない」と感じている人の比率がスペインでは68％、韓国では65％と高いのに対し、日本では34％と非常に低かった。また日本では、「有給休暇を取る際に罪悪感を感じる」と答えた人の比率が59％と非常に高かった。フランスでは、この比率はわずか22％だった。

「自分の有給休暇の日数を知らない」と答えた人の比率も、日本では47％と高いことがわかった。私はこの数字を見て、驚いた。ドイツでは、自分の有給休暇の日数は、ビジネスライフの中で最も重要な情報の一つである。**回答者の半分近くが自分の有給休暇の日数を知らないということは、日本の勤め人の間でいかに有給休暇が軽視されているかを示している。**ちなみにドイツに匹敵する休暇大国フランスでは、「自分の有給休暇の日数を知らない」と答えた人の比率は14％にすぎなかった。

また日本人の間では「自分が有給休暇を取ると、同僚の仕事が増えて迷惑がかかるので、あまり取る気がしない」と感じている人が多い。その結果、あまり休みを取らないので、有給休暇の日数も把握していない人が多い。

２０２４年に同社が発表した調査結果によると、日本の回答者の32％が「人手不足など仕事の都合上忙しかったので、有給休暇を取らなかった」と答えた。つまり回答者の３人に１人は周りに遠慮して、休みを取らなかったのだ。

私はこれを読んで大変悲しい気持ちになった。我々日本人は、周りの人に配慮する、なんと優しい人々なのだろうか。**ドイツでは、「長期休暇を取ることは労働者の当然の権利」という考え方が社会に根付いている。**会社が人手不足だろうが、客からの注文が急増していようが、自分の休暇は休暇である。

会社が忙しいからという理由で、自分の有給休暇を犠牲にする人は、高い給料をもらっている取締役や管理職や自営業者を除けば、ドイツでは少ない。しかもドイツでは課の全員が交代で休みを取るので、休暇を取ることについて罪悪感を抱いたり、「あいつは休んでばかりいる」と同僚を妬んだりする人はいない。休んだ罪滅ぼしに、旅行先からお土産を買ってきて同僚に配る必要もない。

私もＮＨＫで働いていた時、欧州へ個人的に旅行するために1週間休暇を取る際には、他の同僚に対して申し訳ないという、後ろめたい気持ちがあった。今考えると、なぜそうした気持ちを抱いたのか、不思議だ。やはり学校での教育のせいだろうか。

「アリとキリギリス」の呪縛

ひとつ思い当たるのは、日本人なら誰でも幼い時に読まされるイソップ寓話の一つ「アリとキリギリス」だ。私はこの話をいつ読んだのか、はっきり覚えていない。幼稚園にいた時に、絵本で読んだような、ぼんやりとした記憶がある。当時はイソップ寓話ではなく、イソップ童話と名付けられていた。

この寓話は、あちこちの国で細部を改変されており、結末などにいくつかのバージョンがある。しかしおよその粗筋は、こんな感じだ。夏のある日、キリギリスはバイオリンを弾いたり歌を唄ったりして、楽しく暮らしていた。そこへ、アリたちの群れが通りかかる。アリたちは、食べ物を巣に運んでいる。不思議に思ったキリギリスは、「アリさんたち、今は夏で食べ物が豊富にあるのに、なぜ食べ物を運んでいるんですか」と尋ねた。アリたちは、「冬になったら、食べ物が少なくなる。だから冬に備えて、食べ物を巣に運んでいるのだ」と答えた。

やがて冬が到来して、食べ物が少なくなり、キリギリスは空腹に悩まされる。一方、アリたちは夏の間に食べ物を巣に蓄えていたので、飢えることはなかった。キリギリスは、アリたちの巣を訪れる。アリたちはキリギリスに、「私たちが、冬に備えるために夏に一生懸命働いていた時に、あなたはバイオリンを弾いて遊んでいたではありませんか」という言葉を投げつける。あるバージョンでは、アリたちが、腹を空かせたキリギリスに同情して、食べ物を与える。

この寓話は、「将来に備えることの大切さ」を教えるものだ。だが私は子どもの頃にこれを読んで、「せっせと働かないと、将来食いはぐれる。困窮して、他人から食べ物を恵んでもらわなくてはならなくなる。遊んでばかりいると、キリギリスのような運命をたどる」という恐れを抱いた。

私は小学校、中学校、高校から大学に至るまで、いわゆる「ガリ勉タイプ」だった。中央線に乗って通学する時には、常に単語帳を持って、英語やドイツ語の単語や文例を暗記していた。自転車で駅に行く途中には、暗記したドイツ語の歌を唄って、発音を自然にしようとした。「一生懸命勉強して、大企業に行かないと、将来食べられなくなる」という強迫観念が、私を突き動かしていた。通信簿でオール5を取っても安心できなかった。「次の通信簿でもオール5を取れるだろうか」という不安を抱き、さらに勉強するのだ。大学の講義やゼミには必ず出席した。講義をさぼったために、試験の前に他の学生のノートをコピーしたことは、一度もない。

NHKに入ってからもそうだった。先輩に言われるまま、毎晩、毎朝、警察官や検察官の自宅へ「夜討ち」「朝駆け」を行った。安アパートに戻るのは、早くても23時だった。朝5時には、捜査員の自宅へ向かった。ある大事件の取材の時には、3カ月間にわたり週末も含めて、1日も休まなかった。それが当たり前だと思っていた。目をギラギラさせ、「特ダネになる話はないか」と常に考えながら、神戸や東京の町をタクシーで走り回っていた。

「若い時に遊び呆けていると、歳をとってから困窮する。だから遊びのことなどを考えずに、がむしゃらに働かなくてはならない」という強迫観念を私の心に植え付けたのは、「アリとキリギリス」の寓話だった。「悪いことをすると、死んでから地獄に落ちる」という地獄草紙にも似た効果を持っていた。

この「アリとキリギリス」の寓話の精神は、特に小学校、中学校での生活、そして当時「受験戦争」と呼ばれた厳しい競争の中に反映されていた。私は「昭和的な働き方」をしてきた日本人の心の中には、「アリとキリギリス」に象徴される、勤勉を尊び、人生を楽しむことを卑しむ考え方が深く浸透していたと考えている。この生活態度が、企業や役所に入ってからの長時間労働や、有給休暇をなるべく取らないという傾向につながっていった。「アリとキリギリス」的な思想があるために、我々は他人が働いている時に長期休暇を取ったり、早く退社したりする時に、強いうしろめたさを感じる。遊ぶことに、罪悪感を持ってしまうのだ。

集団の調和や統率、他人への配慮を重視する日本の教育システムは、「他の人が苦労しているのに、お前だけが楽しんでいてはならない。そういう態度は、いつか罰せられる」という罪悪感を植え付ける。他の人が苦労している時には、自分も苦労することによって、集団との一体感と安心感を得る。

日本の学校や企業では、ドイツ人のような「他人は他人、自分は自分」と割り切ることが難しい。幼い時に心に植え付けられた意識は、なかなか消えない。私はドイツへ来てから今年で34年目になるが、「将来困らないように、今頑張って働こう」という一種の貧乏精神は、悲しいことに、いまだに私の脳裏に残っている。

だが**ドイツ人の間では、休むこと、遊ぶことについて罪悪感は全くない。みんな当然の権利だと思っている。全員が交代で休暇を取るので、不公平はない。しかもドイツでは、「休暇は、働く者全てに与えられた権利」という社会的な合意が出来上がっている。**

私は34年間ドイツに住んでいるが、不況を克服するために法律で定められた有給休暇の最低日数を減らそうという議論は、この間に一度も行われたことがない。ドイツ人にとって、休暇とは空気を吸うことと同じくらい、生きるためには当たり前のことであり生活に不可欠のものなのだ。もしも連邦議会議員が「法律で決められた最低有給休暇日数を減らそう」などと提案したら、その政治家は次の選挙で落選するだろう。休暇はそれほどまでに重要で、政治家にとっても触れてはならないものなのだ。

私は１９８９年にドイツで裁判官をインタビューしたことがある。この裁判官は、「休暇（Urlaub：ウアラウプ）とは、人生の中で最も重要なものだ」と私に語った。仕事から距離を取って、家族と時間を共有することができるからだ。しかも国民全員が休暇を取る権利が、法律によって保障されている。ドイツに住んでいる人は、本当に恵まれていると言うべきだろう。私は１９８９年には、なぜ裁判官が「休暇は人生の中で最も重要だ」と言ったのか、よく理解できなかった。ＮＨＫ記者として、馬車馬のように働いていたからだ。しかし今では、裁判官の言葉の意味をよく理解できる。

傷病休暇と有給休暇は別

もう一つ、ドイツ人が有給休暇を１００％消化できる理由がある。それは、病気や怪我で働けなくなった時に取る傷病休暇と有給休暇が厳しく区別されているということだ。これは、日本でぜひとも早急に改革してほしい点でもある。

私はある時日本人の知り合いから、「有給休暇は年に2週間あるが、実際に取るのは1週間。残りの1週間は、病気になった時のために取っておく」と聞いてびっくりした。確かに日本では、2～3日インフルエンザなどで会社を休む時には、病気による欠勤（病欠）

にはせず有給休暇を取る人が多い。ほとんどの会社では病欠にすると、給料は払われないからだ。

日本の労働基準法には病欠に関する規定はなく、各企業が個別に就業規則の中に病欠の扱いを定めている。

ほとんどの会社では、重い病気にかかったり大怪我をしたりした場合（労災を除く）には、まず有給休暇を消化し、次に1ヶ月半（45日間）の病欠期間に入る。45日間を過ぎても病気や怪我が治らない場合には、休職となる。ほとんどの会社では、病欠期間、休職期間ともに給料は支払われない。その理由は、日本の企業社会には「ノーワーク・ノーペイ（働かない限り、給料は支払われない）」という原則があるからだという。誰が考えた原則かは知らないが、日本の社会保障を侵食する悪しき不文律だ。

一部の日本企業では、病気になった時に病欠にせずに有給休暇を取ることが、「会社への忠誠の証」と見られる雰囲気もある。

ドイツ人にこうした日本の実態について話すと、「信じられない」という顔をする。この国では、**数日間風邪で会社を休む時には病欠扱いとなり、傷病休暇を取る。その日も給料は払われる。病気や怪我のために有給休暇を取るということはあり得ない。**

ドイツでは「給与支払い継続法」という法律によって、病欠期間には最長6週間（30日間）まで、働いている時と同額の給料が支払われる。もちろん社員は、病気やけがのために就労できないことを示す、医師の証明書を会社に提出しなくてはならない。

6週間が過ぎると、公的健康保険が最高78週間まで「病気手当」を支払う。その額は、病気になる前に受け取っていた給料の70％である。

私の知り合いのドイツ人の中にも、スケート中に転倒して足の骨を折ったり、森の中でジョギングをしている時に、野ウサギが掘った穴に足がはまり込んで骨折したり、深刻な腰痛のために数カ月間にわたり会社を休んだりした人がいる。彼らは、全員最初の6週間には会社から100％給料を受け取っていた。法律が定めている当然の権利なので、「会社に対して申し訳ない」と感じる人はいない。病気や怪我で長期間にわたり会社を休んでも、正当な理由があれば経歴に悪影響を及ぼすことはない。

有給休暇と病欠の混同はやめるべきだ

したがってドイツでは、病気になった場合に病欠扱いせずに、まず有給休暇を取るということはあり得ない。ドイツ人は、明確な定義づけを好む民族だ。**彼らにとって有給休暇とは、健康な状態で日常の仕事のストレスから解放されて、家族と時間を過ごしたり、自分の好きなことをしたりする時期である。**病気や怪我で仕事をできないために、会社を休むのは、有給休暇の目的ではない。したがってドイツでは、有給休暇と病欠の混同は許されない。

連邦休暇法は、有給休暇と病欠を明確に区別している。たとえばドイツ人の会社員Aさんが、タイに2週間バカンスに行っている間、1週間は病気で寝込んでいたとする。Aさんは、そのことを直ちにメールで上司と人事部に連絡し、出社後に医師の診断書を提出すれば、寝込んでいた有給休暇の日数が返ってくる。

つまり連邦休暇法によると有給休暇とは、健康な状態で過ごすものであり、病気で寝ている期間は病欠である。日本では考えられない、気前の良い制度である。さすがに最近のドイツでは、有給休暇の内、リゾート地などで病気にかかり寝込んでいた日数の返還を実際に求める社員は少ない。しかしもしも社員が証拠書類を揃えて申請すれば、企業は有給休暇を返還しなくてはならない。このことは、ドイツの法律が病欠と有給休暇をはっきりと区別していることを示している。

したがってドイツ人の目から見ると、日本企業が、インフルエンザにかかって2〜3日休む社員に、まず有給休暇を消化させるのは、有給休暇と病欠の混同である。企業は病欠期間の給料支払いを拒否することによって、社員がなるべく病欠を取らないようにプレッシャーを高めているわけだ。ドイツに比べると、勤労者にとってはるかに厳しい制度だ。

責任は、そうした行為を野放しにしている政府にある。いや多くの経営者は、病気になった時に有給休暇を取らせることを、不当だとは思っていないだろう。ほとんどの日本の勤労者たちは、ドイツのように6週間までは病欠期間中にも給料が支払われる国があることを知らないので、「仕方がない」と思っているのだろう。

2023年にドイツに抜かれたとはいえ、日本は名目GDPが世界第4位の豊かな国である。その国がこのように市民にとって不利な制度を続けていることは、経済大国の名にふさわしくない。私は、病気になった時に有給休暇を取らなくても良いように、一定期間の病欠についてはドイツのように給料を払うべきだと思う。そうでないと、**結局多くの社員たちは「病気になった時のために有給休暇を残しておこう」と考えるので、有給休暇の取得率はいつまで経っても上昇しない。**これも、日本の有給休暇消化率が低いことの大きな原因の1つである。

モラル・ハザードをどう防ぐか

日本の人事担当者の間には、「病欠期間中に給料を払うと、モラル・ハザード（制度が濫用される危険）が心配」という声がある。つまり病欠の間は無給にしないと、社員が仮病を使ってずる休みをする危険があるというのだ（日本はしばしば「欧米とは異なり、信頼に基づく社会」だと言われるが、モラル・ハザードについての人事担当者のこういうコメントを聞くと、本音の部分では社員を信用していないと感じる）。

勿論ドイツにもモラル・ハザードはある。従ってドイツの場合は、風邪で数日休む時にも医師からの証明書が必要だし、万一仮病を使って休んでいたことが、企業にわかった場合は、即刻解雇される。**制裁措置が非常に厳しいので、仮病によるずる休みのリスクを冒す人は比較的少ない。**

ドイツ企業のずる休みに対する制裁措置がいかに厳しいかを示す例を挙げよう。この国には、病気やけがの治療の後に、医師が「順調な回復のためには、環境が良い場所での療養が必要」と認めた場合、20日間程度のリハビリ休暇が特別に認められることがある。以前はクアー（転地療養）と呼ばれた。30年前に比べると、この制度を利用する人は少なくなったが、重い病気や怪我の後には、今でも認められている。

リハビリ休暇を過ごす際には、公的保険運営者が指定した療養施設に滞在しなくてはならない。そうした療養施設は、海岸、湖畔、山岳地帯など静かで空気が良い場所にあることが多い。療養施設と言っても、5つ星ホテルのように豪華な施設もある。日本では考えられない、贅沢な制度だ。食事代も含めて、費用の大半は公的健康保険または民間健康保険でカバーされる。

ドイツで取材している時に、こんな話を聞いた。あるドイツ企業の社員が、会社には「リハビリ休暇を取っている」と言いながら、療養施設に滞在せずに、別の観光地で遊んでいた。その社員は、運悪く同じ会社の別の課の課長とばったり会ってしまった。課長はその事実を人事部に通報し、その社員は「会社を騙した」として即時解雇された。**ドイツ企業は社員には色々な権利を認めているが、権利を濫用した社員に対しては、容赦なく制裁の鉄槌を振り下ろす。このことが、モラル・ハザードに対する歯止めになっている。**日本でもずる休みをした人を即刻解雇できるようにするなど、制裁措置を厳しくすれば、仮病を使って休む人は増えないと思う。

2023年になるまでドイツの名目GDPは日本よりも少なかった。それでもドイツでは国富を、法律や社会保障制度によって国民に分配する度合いが、日本よりも高い。企業が6週間まで病欠者に給料を全額支払い、それ以降は公的健康保険が78週間まで病気手当を払うのも、この国が勤労者を日本よりも手厚く保護していることの表れだ。つまりドイツには、日本以上に余裕がある。労働によって社会の富を築き上げるプロセスで、個人の犠牲を強いる部分が、日本に比べると少ない。私は、日本で市民がまとめて有給休暇を取れるようにするためにも、病欠については一定期間にわたって給料を支払うべきだと思う。そうしなければ、有給休暇の取得率はいつまで経っても低いままだろう。

2～3週間の休暇は常識

もう一つ、日本との大きな違いは、ドイツでは2～3週間の休暇を取るのが当たり前だということだ。我々日本人の目には、かなり長い休暇と映る。ドイツ人たちは「1週間の休みでは不十分だ。1週間目には、まだ会社のことが頭に残っているので、なんとなく完全にリラックスできない。会社のことを忘れて、本当に気分転換ができるのは、2週間目以降だ」と言う。30日間（6週間）の休みを一度にとって、世界一周旅行を行った猛者《もさ》も知っている。

平社員に比べると高額の給料をもらっている部長や課長ですら、2〜3週間の休みを堂々と取る。休暇中には、連絡先を上司に伝える必要はないし、平社員は休暇中に会社のメールを読む必要もない。つまり2〜3週間は音信不通になることが許されるのだ。

休暇の重要な目的の1つは、気分転換である。会社以外の世界も存在すること、そして自分が会社員であるだけではなく、「人間」でもあることを、改めて認識する。クオリティー・オブ・ライフ（生活の質）の維持、そして心の健康管理という点で、長期休暇は非常に重要だ。

日本ではドイツに比べて、人生の中で「会社」が占める比重が大きすぎる。日本でも、働く人々を本当にリフレッシュさせるには、2〜3週間の休暇を誰もが心置きなく取れるようなシステムを目指すべきだ。会社以外で過ごす時間を増やせば、心身がリフレッシュされて、会社で働くための活力が再生産される。鬱病などで会社を休む社員の数も減るだろう。離職率も下がるかもしれない。つまり社員にまとまった休暇を取らせることが、結局は会社のためにもなるのだ。

ドイツを初めて訪れた人の中には、「この国の企業は、休暇を中心に回っているみたいだ」と思う人がいるかもしれない。確かに多くのドイツ人は、年が明けて1月になると、夏の長期休暇の計画を練り始める。長期休暇の時期が、同僚の長期休暇の時期と重ならないようにするためだ。彼らは、あわただしく多くの街を駆け足で回るのではなく、2～3週間にわたりイタリアやスペイン、ギリシャ、トルコなどのリゾート地に滞在する形式の休暇を好む。

家族4人で2週間ホテルに滞在するとなると、費用もかさむ。そこでドイツの旅行会社は、ホテル、飛行機、食事込みの割安パッケージ旅行をたくさん用意している。だがこれらの旅行は、早く予約しないと、売り切れてしまう。したがって多くのドイツ人たちは、1月にお互いの長期休暇の計画について相談を始めるのだ。中には、1年前から休暇の計画を練り始める人もいる。

私が知っているドイツ人税理士は、フリーランサーだ。したがって会社からの基本給はない。それでも、夏には3週間まとめて休暇を取り、その間は全く連絡がつかなくなる。会社勤めではないのに、これだけドーンと休むことに、余裕を感じる。

長期休暇を取る時期は、千差万別だ。子どもがいる人は、学校が夏休みになる7～8月や冬休みがある12月などに2～3週間の休みを取る。子どもがいない人は、他の人と重ならず、上司が承認すれば1年の内、いつでも長い休みを取れる。日本では、大半の人が盆とお正月に集中してまとまった休みを取るので、高速道路が大渋滞したり、長距離列車が満員になったりするが、ドイツではいつでも長期休暇を取れるので、交通機関や道路が混雑する時期を避けて休みを取ることが可能なのだ。

ある日本人は、ドイツのグローバル企業の日本支店で働いていた。彼は数年間、本社で働く機会を得た。その際に、他の社員と同じように2週間の休暇を取った。ドイツにある本社では、2週間まとめて休むのは当たり前だ。だがこの日本人にとっては、2週間いちどに休んだのは、人生の中で初めてだった。ドイツ人にとって2週間休むことは常識であり珍しくもなんともないが、この日本人にとっては「カルチャーショック」だった。「2～3週間の休みを取ってリフレッシュすること」は、日本では極めて困難かつ稀だが、ドイツではまぎれもなく会社生活の一部になっている。

ちなみに欧州にも日本のような国がある。ロンドンの金融業界で働いていた英国人によると、英国の多くの企業では2週間休みをまとめて取るのは難しく、長くても1週間。「労働時間の規制も、ドイツのように厳しくは守られていない」と語っていた。英国ではドイツに比べると、企業に対する法律上の規制が緩いのである。

無給で半年休むサバティカル制度も

ドイツでは、日本にはない長期休暇モデルも実施されている。ジーメンス、ＢＭＷ、アウディ、ドイツ銀行、フォルクスワーゲンなどの大企業は、社員が気分をリフレッシュできるように、数カ月から1年間の休みを与える「サバティカル」制度を導入している。サバティカルとは、元々大学教授などが外国で研究をしたり、本や論文を書いたりするために使われていた制度。ここ数年間は、大手企業にも広がってきた。

２０２３年3月30日にミュンヘンのｉｆｏ経済研究所が公表したアンケート結果によると、回答企業の24％が社員にサバティカル休暇を与えていた。特に大企業では、この制度を採用している会社が多い。社員数が５００人を超える企業の54％が、サバティカル制度を導入していた。サバティカルの平均日数は99日だった。

サバティカル制度には様々なモデルがある。休暇期間は、3カ月から5年まで千差万別。ある会社は、最高3カ月間までサバティカルを許すが、その間給料を全く払わない。別の会社は、1年間の給料を25%減らすかわりに、3カ月間の有給サバティカルを与える。つまり給料は減るが、1年の有給休暇の日数が30日から120日に増えるのだ。

あるドイツ人外交官は、外務省から無給のサバティカルをもらい、恋人とオランダの海辺の町で1年間にわたって休暇を過ごした。別の人は、3カ月間の無給サバティカルを取り、発展途上国でボランティアとして働いた。繁忙期にもかかわらず、6カ月サバティカルを取って、ボーイフレンドと世界一周旅行をした人もいる。よく上司がそんなことを許すものだと、感心する。ドイツの管理職も、上司と部下の間で板挟みになり、ストレスが多い。そのせいか、最近ドイツではサバティカルをドーンと取る管理職が増えている。彼らは給料の額が高いので、1～2カ月給料をもらわなくても、経済的に困ることはない。

米英には、幹部社員などが他の企業に移って働き始める前に、まとめて休むことを強制して、得意先が奪われるのを防ぐ「ガーデニング休暇」があるが、サバティカルの目的は全く異なる。

サバティカル制度では、企業は社員に対し、長期休暇が終わったら同じ部署、同じ仕事に戻れることを約束しなければならない。またサバティカルの目的は、ガーデニング休暇とは異なり、長期間にわたり会社から離れることにより、気分を一新することだ。

たとえばドイツのコンサルタント企業の中には、サバティカル制度を導入している会社が多い。企業コンサルティングは、労働時間が比較的長く、長期間の出張も多いハードな職種だ。このため、サバティカルによって心身の健康を回復したいと思う社員が多いのかもしれない。

サバティカル制度は、企業にとって人件費を一時的に節約できるという利点がある。さらに、ウエブサイトなどで「我が社にはサバティカル制度があります」と強調することによって、高い技能や学歴、豊富な経験を持つ優秀な人材をひきつけることもできる。

ドイツの大手企業の半分以上がサバティカル制度を持っているのは、興味深い。この背景には深刻な人材不足がある。現在ドイツでは、高学歴・高技能の人材にとっては売り手市場である。企業側は面接で応募者から「この会社ではサバティカル休暇を取れますか？」と尋ねられた時に、「ありません」と答えると、優秀な人材が他の企業に行ってしまう可能性がある。だから多くの企業が、サバティカル制度を持っているのだ。

つまりドイツの企業経営者は、発想の転換を迫られている。「人手不足だから、社員に休暇を取らせない」のではなく、**「人手不足だからこそ、有能な人材が我が社で長く働いてくれるように、サバティカル休暇など良い条件を提供する」という方向に考えを変えな**

くてはならないのだ。つまり有能な人材に「この会社は働きやすい」とか「この会社ではワークライフバランスが良い」と感じてもらうことが、重要なのだ。

サバティカル休暇を取った人の経験談を聞くと、最大の難関は上司の許可を得ることと、同僚たちの同意を得ることだという。その課の管理職は、サバティカルで半年休んでいる人がいるからといって、代わりの人を採用することは許されない。その人の仕事は、他の同僚たちが処理しなくてはならない。

それにしても、民間企業にサバティカルを導入したドイツは、休暇については本当に気前の良い国である。欠員があっても会社というのは回る物であり、管理職も含めて、「余人をもって代え難い」という人はほぼ皆無だということがわかる。長期休暇を取っても上司からの評価が下がらないのならば、制度を堂々と利用して、休んだ方が勝ちではないだろうか?

教養を深めるための休暇も可能

さらにドイツには、企業の社員や公務員に政治的・社会的な教養を深めさせるための特別休暇の制度もある。これは連邦政府ではなく、各州の法律で定められている。バイエルン州以外の全ての州で、5日間から10日間の教養休暇を取ることが可能だ。たとえばノルトライン・ヴェストファーレン州やブランデンブルク州などでは、有給休暇の他に、2年間に最高10日まで教養休暇を取ることができる。

教養休暇の目的は、休息や静養、物見遊山ではなく、知識を増やし、視野を広げることだ。勉強の内容は、日々の仕事の内容に直接関係がなくてもよい。たとえば私は1989年に、ベルリンのプロテスタント系の平和団体が企画した、ポーランドにあるアウシュビッツ強制収容所跡への研修旅行に同行した。1週間の旅に参加した市民の中には、学生や会社員の他に、ベルリン警察の刑事もいた。彼は警察から5日間の教養休暇をもらって、ナチス・ドイツの犯罪について学ぶためにこの旅に参加したのだ。日常業務から離れて、自国の歴史の陰の部分について学ぶ。アウシュビッツへの旅はこの刑事にとっても、視野を広げる上で大いに役立ったに違いない。

ただし実際に教養休暇を取る勤労者は、少ない。ミュンヘンのｉｆｏ経済研究所が2023年に公表したアンケート結果によると、「実際に教養休暇を取ったことがある」と答えた回答者の比率は3・5％にすぎなかった。

産休・育休にも日独間に歴然たる違い

ＯＥＣＤの統計を見ると、日本とドイツで法律で認められている産前産後休暇の期間はともに14週間であり、違いはない。だが金銭面での待遇には、天と地ほどの違いがある。たとえば**ドイツ企業は母親保護法によって、産前産後休暇の14週間の給与を１００％支払うことを義務付けられている。これに対して日本の労働基準法は、産休期間の給与の支払いについて定めておらず、大半の企業は産休期間には給料を支払わない。**この背景にも、前述の「ノーワーク・ノーペイ」の原則がある。ドイツで働く母親は、日本に比べると法律によって金銭面で手厚く保護されている。こうした日独の現実を比べると、我が国の社会保障の安全ネットの薄さを痛感する。こうした**日本政府の母親たちに対する冷たさも、我が国の出生率を低くする原因の一つである。**

さらにドイツには育児休暇法という法律もあり、会社や役所などに勤める母親・父親に対して最高3年間の育児休暇を取る権利を認めている。企業は育児休暇を取っている社員を原則として解雇することはできないし、復職を認めなくてはならない。育児休暇を取る社員には企業からは給料が払われないが、国に申請すれば手取り給料の67％（毎月最高1800ユーロ＝28万8000円）の「育児手当」が支給される。2023年には130万人の女性、46万人の男性が国から育児手当を受け取った。

2013年にドイツ連邦政府が市民に支払った育児手当の総額は、49億ユーロ（7840億円）にのぼる。ドイツ企業でも経営状況や市場環境は、目まぐるしく変化する。1年間でも会社を休むと、仕事についていけなくなる危険がある。このため、法律が認める育児休暇を3年間取る人はさすがに少ない。それでも、2012年に育児手当を受け取った母親の内、92％は10〜12ヶ月の育児休暇を取り、父親の内80％は2ヶ月休んだ。

日本でも1991年に育児介護休業法が制定され、原則として子どもが生まれた日から子どもが1歳に達する日までに申し出れば、育児休暇を取ることができる。厚生労働省の2023年7月31日の発表によると、2022年度に育児休暇を取った男性社員の比率は17・1％だった。2021年度の育児休暇取得状況を調べた統計によると、育児休暇を取った父親の51・5％が2週間未満だった。ドイツに比べるとはるかに短い。これらの数字にも、他の同僚に気兼ねして長期休暇を取りにくい日本の職場の実態が浮かび上がっている。いわゆる「ワンオペ」による日本の女性への育児負担は、ドイツよりも大きいのだ。

ここまでお伝えしてきたように、ドイツで時短が成功している最大の理由は、法的な規制が厳しく、例外規定が日本に比べると少ないことだ。さらに監督官庁による監視・制裁が厳しいので、大半の企業が法律を順守している。２０１５年に24歳の若さで自殺した電通社員・高橋まつりさんが、ドイツにある企業で働いていたら、過労自殺に追い込まれることはなかったに違いない。「お客様第一主義」が今なお強い日本では、「業務が多いから」とか「顧客が急いでいるから」などの理由で、労働関連法規が守られないことが、しばしばある。日本もドイツも法治国家である。しかし**国民の生命や健康を守るために法律が実践される度合い、企業が法律を守る度合いは、ドイツの方が日本よりも高い。34年間この国に住んで、このことを痛感する。**

退職金の代わりに、４年間の有給休暇

ドイツの会社には、原則として日本企業のような退職金制度はない。そのかわりに、一部の会社は、オフィスに来るのを通常の定年退職の時期よりも早くやめると、給料付きの「自由時間」をもらえる制度を採用している。退職金の代わりに、何年も続く有給休暇を

もらって自由を満喫するのだ。

ドイツ人会社員のハンスさん（仮名）は、62歳。彼はいま心がウキウキしている。その理由は、あと1カ月働けばシニア・パートタイムの後半が始まるからだ。シニア社員向けパートタイム制度と呼ばれるこの仕組みで、ハンスさんはまもなく4年間の「有給休暇」をもらえる。

彼が働く会社では、勤続年数が10年以上で、年齢55歳以上の社員がこの制度に応募できる。彼は「4プラス4」という方式を選んだ。つまり彼は58歳から62歳になるまでの4年間は、税引き前の給料の80％で働く（この時期をアクティブ・シニア・パートタイムと呼ぶ）。しかし62歳から66歳になるまでの4年間は、会社の仕事を一切しなくても、給料の80％をもらえる（この時期をパッシブ・シニア・パートタイムと呼ぶ）。66歳以降は、公的年金と企業年金の支給が始まる。つまり年金生活に入る前に、4年間の有給休暇をもらえるようなものだ。

ハンスさんの会社では、人件費を減らし、社員の若返りを図るために、中高年の社員の人数を減らすことを考えていた。企業は、ＩＴの知識を豊富に持つ若い人材を増やそうとしていた。このため、シニア・パートタイムを積極的に勧めていた。ハンスさんも57歳の時に上司から、面と向かって「我が社では、君の居場所はもうない」と言われて、ややしょげていた。実際彼の会社では、60歳以上の社員は数えるほどしかいなかった。だがハンスさんは、会社の人事部を通じてシニア・パートタイムに関する契約を締結してからは、世の中が明るく見えるようになった。

大手企業に勤めていたゲオルグさん(仮名)は63歳。彼はすでにパッシブ・シニア・パートタイムつまり働かなくても給料がもらえる後半の時期に入っている。「会社の仕事をしなくても、給料の80%をもらえるのは、素晴らしい。自分のやりたいことを、好きな時間にやれるので、嬉しい」と語る。会社に勤めていた時には、長期休暇をとる時には事前に上司の許可を取り、自分の業務を代わりにやってくれる同僚を見つけなくてはならなかった。今では、誰に気兼ねすることもなく、好きな時にイタリアやフランスへ車で旅行することができる。昼間から映画館に行くこともできる。

ゲオルグさんは言う。「人生は1度しかない。最も大事な物は、自由だ。まだ会社で働いている同僚たちは、私のことを羨《うらや》ましがっているよ」。ゲオルグさんは、会社員たちが滅多に味わうことができない自由を満喫している。

このシニア・パートタイム制度がある国は欧州でもドイツとオーストリア、スイスだけだ。ドイツでは1989年に「シニア・パートタイム法」が施行され、1996年から実際に企業が制度を導入し始めた。法律によると、企業はシニア・パートタイムで働く社員に税引き前の給料の最低50％を支給することを義務付けられている。しかし大半の企業は、法定比率の50％に、給料を20％もしくは30％上乗せする。したがって、会社の仕事をしない後半（パッシブ）の時期にも、通常の給料の70％から80％を受け取ることができる。日本のように、正社員から契約社員になると、手取り給料が半分以下になるということはない。

人件費を削減して、業績を改善しようとする大企業の間では、シニア・パートタイム制度は人減らしのためにしばしば利用される。

ある大企業には、「5プラス5」つまり最初の5年間は給料が10％減るが、労働を免除される後半の5年間には、手取り給料の90％が支給されるという贅沢な条件があった。このため、ドイツの中高年社員はシニア・パートタイムをオファーされると、ほとんどの場合喜んで仕事をやめる。

ドイツ年金保険庁によると、1996年にはシニア・パートタイム制度を利用していた社員の数は1824人にすぎなかったが、2020年には26万2740人に達している。

人間は60歳を超えると、若い時に比べて病気にかかったり、怪我をしたりすることが多くなる。そう考えると、60歳を過ぎてから4年間、会社によって収入を保障されながら自由時間を満喫できるというのは、幸福なことである。ドイツ人の間には、「お金よりも自由時間が増える方が良い」と考える人が多い。これは、日本との決定的な違いである。

ドイツ人の会社員ヴォルフガングさん（仮名）は、上司から勤務態度が良くないと批判されて管理職から平社員に降格され、不遇だった。だがシニア・パートタイム制度を利用して会社を辞めてからは、ワインの販売店で働いている。彼は現役の頃からワインを飲むのが大好きで、各国のワインの銘柄について非常に詳しかった。今はその知識を生かして、働いているのだ。

会社員ペーターさん(仮名)も、シニア・パートタイム制度を利用して退職した。彼は「シニア・パートタイムの適用を上司から勧められた時、ああ自分はもうこの会社では必要とされていないのだなあと感じた。なんとなく、心がしぼんだ。しかしシニア・パートタイムが目前に近づいて来たら、これから誰にも束縛されることなく、自由を満喫できるのだと感じて、自分が途端に大きくなったように感じたよ」と語っていた。

欧州には「メメントモリ」という言葉がある。**「人間はいつ死ぬかわからないので、常に**

死のことを考えよ」という警句だ。我々はいつ大病や死と直面するかわからないのだから、なるべく好きなことをやって、自由を満喫するべきだ。シニア・パートタイム制度は、会社が収入を保障しながら、誰にも指図されない自由な時間、人生を楽しむ時間を与えてくれる、良い制度だと思う。

第3章

ドイツの
ワークライフバランスは
日本を上回る

みんなが休むための合意がある国

私は1990年以来、ドイツで34年間働き、この国の経済や社会を観察してきた。日独のワークライフバランスを比べた場合、ドイツに軍配を上げざるを得ない。この国では、働く者の健康や幸福を守るための、コンセンサス（合意）があるからだ。私は労働時間や休暇についての社会的な合意が、法律に勝るとも劣らないほど重要だと思っている。日本で法律が整備されても、労働時間が大幅に短くならず、過労死や過労自殺が大きく減らない理由の一つは、日本にこうした合意がないからだ。

社会的な合意とは、「社会の全ての成員の間に、2～3週間の長期休暇を取ることや、1日10時間を超えて働かないことは、当然だ」という共通の認識があることを意味する。しかも、市民はこの共通の認識に従って行動し、企業もこの認識に基づいて社員を働かせる。法律だけではなく、社会的合意があるので、働き過ぎない社会が機能している。

たとえば、日本では難しい2～3週間の長期休暇をドイツ人が普通に取れるのも、社会的合意があるからだ。こんな状況を考えてみた。B社は、A社に部品を納入しているサプライヤーだ。どちらの企業も日本企業だ。A社の顧客が、B社の担当者に電話をかけたとしよう。もしもB社が「担当者は3週間の休暇を取っていて、この間には連絡がつきません」と言ったら、日本の顧客は怒ってしまうだろう。「3週間も休みを取るとは、けしからん」というわけだ。顧客が怒る理由は、彼が3週間の休みを取れないからだ。この人は「私は3週間まとまった休暇など取れないのに、自分が仕事を発注して金を払っている企業の社員が、3週間も休むとは不届きだ」と思うだろう。その裏には日本社会のあちこちに見られる羨み、妬みの感情もあるに違いない。

これに対してドイツの企業では、担当者がいなくても、同僚が顧客の用件を聞いて、きちんと対応すれば、顧客は怒らない。その理由は、顧客も2~3週間の休暇を取ることがあるからだ。したがって顧客も、サプライヤーの担当者が長い休みを取っていることについて、目くじらを立てない。

つまり**ドイツ社会には、「長期休暇を取ることは、全ての働く者の権利だ」という合意ができている。**日本では、このような合意がまだない。2~3週間の長期休暇が、特別なものであるかのように見られている。ドイツのような社会的合意がないと、いくら政府が法律を整備しても、なかなか長期休暇を取れるようにはならない。日本では、ドイツのように2～3週間の休暇を取る会社員や公務員が少ないのは、そのためだ。つまり一部の人だけが2～3週間の休暇を取ることができる社会では、このような合意は成り立たない。全員が長期休暇を取れることが、前提条件だ。

この例が示しているのは、ドイツでは仕事が人に付いているのではなく、会社に付いているということだ。属人主義ではないので、ドイツの顧客にとってはその会社の社員なら、誰が対応してくれてもかまわないのだ。仕事を人ではなく企業に付かせることは、長期休暇を取ったり、定時退社を促進したりする上で極めて重要である。「私の問い合わせは、私の担当者にしか伝えられない」、「私の問い合わせは、私のことをよく知っている担当者だけに答えてほしい」という属人主義が定着している国では、長い休暇を取ることは難しい。

つまり顧客の方も、休暇や労働時間についての考え方を変えなくてはならない。さもないと、いくら法律を整備しても、休暇は万人の権利だという合意が社会に生まれない。働き方改革を実効あるものにするには、顧客も、発想の転換を迫られている。

顧客のサービス期待度が日本よりも低い

日本をみんなが休める社会にするには、顧客と売り手という関係の見直しも必要だ。日本は、顧客サービスが世界でもトップクラスの国だ。しかしみんなが休めるようにするには、顧客もサービスについての期待度を下げる必要がある。

ドイツが日本と大きく違う点は、ものを売る・サービスを提供する側と、顧客の目線だ。日本は「顧客第一主義」の国であり、買う側の目線が高く、売る側の目線は低い。昭和の時代には、「お客様は神様です」という言葉が流行《はや》ったほどだ。当時は今のようなカスハラという言葉はなかった。

ところがドイツでは日本と違って、売る側の目線が、顧客とほぼ同じ高さにある。したがって、ドイツではサプライヤーなど売る側が、顧客に「うちは人手が足りないので、この仕事は受けられない。社員の1日当たりの労働時間を増やすことはできない」と言って断っても、ほとんどの顧客は理解する。つまり売る側も、顧客に100%隷従《れいじゅう》するのではなく、「うちにはうちの都合がある」という矜持《きょうじ》を持っている。顧客も、「1日当たり10時間を超える労働は禁止」という規則に従っている上に、自分自身リソースの限度を感じているので、取引先から断られても、理解を示す。

日本ならば、顧客が金曜日の午後に「これを月曜日の朝までに仕上げて下さい」と言ってきたら、売る側は深夜まで、または土曜日・日曜日も働いて、何とか月曜日までに仕上げるだろう。「ここで無理をしても対応しないと、顧客から次の仕事の依頼が来なくなってしまうかもしれない」という不安感があるからだ。だがドイツ企業は、無理をしない。彼らは、いくら重要な顧客から頼まれても、社員に無理矢理日曜労働をさせたり、1日10時間を超えて働かせたりすることはない。そうした行為は、法律違反だからだ。

そもそもドイツでは、買い手が売り手に期待するサービスレベルが、日本よりもはるかに低い。この国は「おもてなしの国」ではなく、「サービス砂漠」だ。ドイツ人はスーパーマーケットや商店での買い物など、日常生活の中でも悪いサービスに慣れている。このためサプライヤーなどから、冷たい対応を受けても日本人ほど怒らない。ある意味で顧客は「この国には、手厚いサービスはない」とあきらめている。

我々外国に住んでいる日本人から見ると、日本のサービスは概して素晴らしい。例えば日本の物流、例えば宅配便の届け方は、ドイツをはじめとする外国に比べたら「顧客思い」

であり、はるかに優れている。ドイツ人の目から見ると、日本の顧客はあまりにも良い扱いを受けていて、売り手やサービスの提供者によって甘やかされているとも言える。

もちろんサービスは良いに越したことはない。しかしサービスレベルへの期待度が常に高くなるという短所もある。悪いサービスを受けてキレる顧客は、良いサービスを受けて当たり前と思っているからだ。売る側から良いサービスを受けることに慣れ切っていると、ドイツのような「サービス砂漠」に旅行したり、転勤したりした時に強い衝撃を受ける。

宅配便の再配達がない国

例えば日本では、宅配便の小包の配達時間を指定できる。客が家に不在だった時には、配達員が後から2回も3回も訪問してくれる。こうしたサービスは、ドイツの宅配便や、アマゾンなどの通信販売による商品の配達では、一切ない。配達時間の指定はできないし、不在時に配達員が何度も来ることはあり得ない。

その理由は、**顧客のためにきめの細かいサービスをやっていると、労働者の労力・労働時間とそれに付随するコスト、これが予定の枠を超えてしまうからだ。**そういうことは最初からやらないという割り切りだ。手厚いサービスをやっていると、配達員のワークライフバランスを確保できなくなる。このため、ドイツの配達員は、マンションの他の住人の呼び鈴を押して、小包を預かってもらう。

他の住民の呼び鈴を押しても誰も出てこない場合は、たまたまマンションの入り口から誰かが出てくるのを見計らって、配達員が中に入って廊下に置いていく。それもできない場合には、小包をマンションの入り口の前に置いたまま帰ってしまう。幸い、ドイツは治安が比較的良い国なので、そうやって廊下や玄関の外に置いていっても盗まれる心配は低い。私もドイツに34年間住んでいるが、廊下に置かれた自分宛ての小包が盗まれた経験は一度もない（イタリア、スペイン、フランスなどでは、アパートの廊下などに置かれた小包は盗まれることがあるという）。多くの客は、配達員のいいかげんな態度に不満を抱いているが、そうした扱いに慣れてしまっていることも事実だ。

郵便局の書留や小包などの配達で客が不在の場合、配達員が不在配達票を郵便受けに入れることも多い。その場合、顧客はその紙と身分証明書を持って、郵便局の本局に荷物を取りに行かなければならない。例えば一人暮らしの人が昼間、会社で働いていたら、荷物を配達で受け取ることはほぼ不可能だ。そこで、郵便局まで取りに行く。本局だと土曜日の午前中は開いているので、書留や小包を取りに来た人たちが長蛇の列を成している。人々は週末の時間を潰して、荷物を取りに行っている。しかもその時、自分の住所が書いてある身分証明書を忘れると、絶対に渡してくれない。つまり顧客が、いろいろと不便を強いられている。

ただし、サービスレベルの低さは、配達員の労力・労働時間が過剰になることを防げるという利点を生む。長時間労働・過重労働を防げるし、配達員の自由時間を確保できる。日本と比べると、確かに顧客から見たサービスレベルはとても低いが、それでも社会は回っている。物流システムが崩壊しているわけではない。つまり顧客がちょっとした不便を我慢することによって、配達員が家族と自由時間を楽しめるようにしているわけだ。

客だけが休める社会は、平等ではない。**社会全体のサービスレベルを下げることで、サービスを提供する人たちも休めるようにする。「客だけではなく、みんなが休める社会」を作るには、客がちょっとした不便を我慢することが必要なのだ。**

今、日本では「物流の2024年問題」が指摘されている。例えば宅配などを担当する労働者のワークライフバランスを改善するには、我々消費者もサービスレベルへの期待度をある程度下げる必要があると思う。宅配を行ってくれる人たちも人間である。当然彼らにも休む権利、家に帰って家族と一緒に過ごす権利がある。消費者もそうした意識を持つ必要がある。

例えば日本でも、不在の場合の再配達を廃止する。あるいは施錠できる無人の集配ボックスを設置して、小包をそこに届けるようにする。暗証番号を入力するか、スマホをかざせば扉が開く（日本でもドイツでも、一部の地域ですでに行われている）。そういう仕組みが広がれば、配達人の労働時間を短くして、労力を節約することができる。もちろん社会全体の合意がなければ、このような改革は実現できない。

日本は、顧客に対するサービスレベルという点では、間違いなく世界一だ。NHKの記者だった頃、またNHKを退職してからも多くの国を訪れたが、商店やレストランでの顧客対応が日本ほど優れた国は、一つもない。

郵便物を送る場合もそうだ。ある時、日本で買った本や食料品を詰めた小包を10個、ミュンヘンに送ろうとした。「日本の郵便局はすごい！」と思ったのは、配達員が夜8時頃にわざわざ東京の滞在先に来てくれて、玄関で小包の重さを全部量ってそのまま持ち帰って発送してくれた。もちろん郵便料金も、そこで払えた。このような自宅発送サービスはドイツでは絶対に考えられない。世界中を探しても、ここまで親切な顧客サービスを行ってくれる国は、おそらくないと思う。顧客を尊重する「おもてなし精神」の発露だと思う。

サービス砂漠だから、みんなが休める

一方ドイツは、「もの作り」では世界でもトップレベルにあるが、顧客サービスは悲惨だ。商店などではものを売る人が威張っていて、客が不快な思いをすることも珍しくない。

たとえばドイツには、1900年に制定された閉店法という法律がある。1990年代までは店の営業時間が厳しく制限され、スーパーマーケットや商店は、平日には18時30分に閉店しなくてはならなかった。土曜日には午後4時に閉店。私はいちどミュンヘンで馴染みの文房具店に18時27分に入ろうとしたら、鼻先でドアを閉められたことがある。最近ではかなり緩和され、スーパーマーケットでは土曜日も含めて午後8時まで買い物をできるようになった。だが今日でも、日本で見かけるような、毎日22時まで営業しているスーパーマーケットは存在しない。日曜日や深夜に営業しているのは、ガソリンスタンドの売店か、大きな駅の中のスーパーマーケットだけである。

ただし、サービス砂漠にも利点はある。それは、社会全体で見ると、店員も含めてみん

ながが自由時間を持てるようになっているということだ。顧客だけが長期休暇を取るのでは、不公平だ。物やサービスを提供する側にも、休む権利がある。売る側もゆとりを持って働き、休めるようにするには、顧客が、サービスの要求レベルを下げることが求められる。

日本人が外国に旅行すると気づくことだが、日本ではサービスは無料、ドイツなど欧米諸国では、サービスは有料だ。たとえば日本にはサービスに対してチップを払う習慣はない。ドイツでは、タクシーに乗っても、理髪店に行っても、レストランで食事をしても、クリーニング屋に洗濯物を出しても、配管工に台所の排水パイプを修理してもらっても、観光バスの添乗員やツアー・コンダクターにも、原則としてチップを払う（原則として、と書いたのは、サービスがあまりにも酷く、客が不満な時には、チップを払う必要はないからだ）。

前述のように、東京からドイツへ向けて10個の小包を発送した時には、夜8時に郵便局員が、滞在先に来てくれた。ドイツにはこのようなサービスはないが、もしあったなら、チップを渡す必要がある。だが日本にはチップの習慣がないので、郵便局員が夜8時に来てくれても、チップを渡す必要がない。日本にお住まいの皆さんには当たり前に思えるかもしれないが、ドイツに長年住んでいる私は、これはすごいことだと思う。「ドイツと違って、日本では、サービスは無料なんだなあ」と痛感した。逆に言うと、チップがないのにこれだけ質が高いサービスを提供してくれるということは、すごいことだ。

日本でもサービスレベルを下げるべきではないか

ただし、少子高齢化が進んでいる日本では将来、就業人口がどんどん減っていく。したがって消費者が今後も同じようなサービスを期待し続けることは、段々難しくなっていくと私は考えている。働く人が減るのだから、これまで同様のサービスを期待することはできない。

そのために、日本の顧客もサービスレベルへの期待度を下げることを考えていかなければならない。これが社会全体に浸透するには長い時間がかかるので、そういうキャンペーンを早い時点から始める必要があると思う。働き方改革の重要な点は、サービスレベルの低下についても、社会全体のコンセンサス（合意）を作ることだ。消費者が想像力と思いやりの心を働かせて、「売る側も自由な時間が必要なんだ、家族と一緒に過ごす時間が必要なんだ」ということを理解して、サービスの期待度を下げていくべきだと思う。

もちろん、いきなりサービスレベルをドイツ並みの低い水準に下げると、客の側に非常にストレスがたまる。したがって、徐々にサービスレベルを下げていくことが大事だ。現在我々が経験しているような、世界でも最高レベルのサービスは求めないで、みんなが休める社会にしてはどうだろうか。手始めに、ドイツと日本の中間くらいのサービスレベルにしてみたらどうだろうか。

なぜ日本のサービスレベルは、これほど高いのだろうか。まず日本社会の美徳の一つとして、他の人の感情を思いやるという態度がある。ドイツに住んでいて感じるのは、他の人の感情に対する思いやりが、日本に比べて少ないということだ。人間関係がドライなのである。これは、個人主義の表われだ。日本の場合は、たとえばビジネスの現場であっても、やはりお客様の立場になって考える、他人の感情を思いやるという態度が非常に感じられる。それが「おもてなし」であり、よいサービスにつながっている。

日本はこのサービスの競争が非常に激しくて、サービスを良くしないとお客さんが来なくなってしまう恐れがある。これに対しドイツでは、そもそも社会のあらゆるところでサービスレベルが低いので、客の側も最初から良いサービスを期待していない。

では、**ドイツの客が期待しているのは何か。それは安い価格だ。ドイツではいかにコス**

トを下げるかをまず考える。「値段が安くなるのなら、サービスは悪くてもまあしょうがないかな」というわけだ。多少は嫌々という面があったとしても、みんながそれを受け入れている。

私もドイツに来たばかりの1990年代には、レストランや商店でのサービスの悪さにむっとすることがあった。しかし34年も住んでしまうと、「こんなものだ」と思い、サービスが悪くても目くじらを立てなくなった。たとえば私は数年前、ハイデルベルク大学で講演をした後、日本から来ている研究者や学生たちと、ドイツ風の居酒屋へ行った。すると、ウエイトレスが、ビールのグラスの下に敷くコースターを、客の前に一枚ずつ置かずに、客に向かって手裏剣のように投げた。ちょっと日本では考えられないような無礼さだった。

ドイツに数年住んでいるという日本人の研究者は、「私は、何年ここに住んでもこういう態度には絶対に慣れることができない」と言って怒った。私は、とくに無礼だとは感じなかった。「このウエイトレスは、客一人一人の横に行ってコースターを置くのは面倒だと思ったので、効率的にコースターを置くために、投げたのだろう」と思った。私が腹を立てなかった理由の一つは、顧客に名刺を手渡さないで、机の上に投げてよこすドイツ人のビジネスパーソンを見たこともあったからである。ここは日本ではないのだから、相手に対する期待値を下げること、日本のような丁寧な態度を相手に期待しないこと、これが心の平穏を保つための秘訣だ。腹を立てて不快な思いをするのは、自分なのだから。

日本の場合は、ドイツの商店やレストランに比べると「お客様第一主義」が徹底している。そうすると、やはり労働時間が長くなってしまう。ドイツには「お客様第一主義」という考え方はそもそもない。彼らは労働時間を増やすことにつながるサービスは引き受けない。客が気を悪くしても、関係ない。

たとえばミュンヘンのある自動車修理工場では、電話かウエブサイトでアポイントメントを取り、その時刻に車を持ち込まなくてはならない。私はある時、タイヤを冬期用のタイヤに交換してもらうために、アポを取り修理工場に車を持っていった。その少し前に、車の右側のヘッドライトの電球が暗くなっていたことに気づいたので、修理工場の受付で「ついでにライトも修理してもらえませんか」と頼んだ。ところが相手は「このアポは、タイヤの交換だけです。ライトの修理には、別のアポを取ってもう1回来て下さい」と言って譲らなかった。日本ならば、「お客様が二度手間にならないように」と考えて、タイヤ交換だけでなくライトの修理もするのは当たり前だ。その日本の当たり前が通用しないのがドイツである。**彼らはこうやって社員の労働時間が長くなったり、生産性が下がったりするのを防ごうとしているわけだ。**

ものは考えようである。市民みんなが発想を切り替えて、高度なサービスを期待しなければ、それだけ多くの人が夕方に早めに帰宅したり、長い休みを取ったりすることができるようになる。ドイツはそれをすでに実現している社会なのだ。

短時間で成果を生む社員が評価される

さてドイツ人の労働時間の短さには、国民のメンタリティーも関係している。ドイツ人は、むだを極端に嫌う民族だ。会議の開始や、列車の到着が5分間遅れるだけでも、不平不満を口に出す。待たされると、「自分の貴重な時間がむだにされた」と感じる。効率性を重んじるので、仕事に関しては、少ない労力で大きな効果を生むことを重視する。

多くのドイツ企業は、成果主義を採用している。年が明けると、社員は上司との間で1年間に達成するべき目標を決める。1年後に、目標がどの程度達成されたかによって、次の年の給料の額が増えたり、減ったりする。

ドイツ企業の管理職は、少ない残業時間で目標を達成した社員を、残業時間が多い社員よりも高く評価する。成果を生むために投入する労力と時間は、少なければ少ないほど良い。労働時間だけが長く、具体的な成果が生まれないのは、無能であることの証拠と見られる。

これは、日本とドイツの企業の考え方が大きく異なる点だ。日本の企業では、優秀な社員がある課題を少ない労力で、締め切りよりも早く仕上げることは、締め切り直前まで頑張った社員よりも低い評価を受けることがある。

日本では長時間をかけ、締め切り直前の最後の瞬間まで課題に取り組むことが、「仕事に対する真剣さ」や「熱意」、「頑張り」を表しているとして、高く評価される。優秀な社員が、課題を素早く仕上げ、締め切りよりも早く提出すると、「手抜きしているのではないか」と疑われることがある。特に「昭和型」の働き方に慣れている管理職には、この傾向が強い。

ドイツでは、結果が同じならば、少ない労力で早く仕上げる社員が優秀と見られる。仕事が早く片付いたら、早く退社するのは当然のことだ。会社は残業代を払わないで済むし、社員は自由時間が増えるので、両方ともハッピーである。

ドイツ語には、日本語の「頑張る」に１００％あてはまる言葉は存在しない。「結果はだめだったが、よく頑張った」という誉め言葉はあり得ない。ドイツでは、結果が悪かったら、むだな労働時間を費やしたとして批判されるだけだ。

私は、日独間のこうしたメンタリティーの違いが、労働時間の違いを生む一因になっていると考えている。日本人は、課題を仕上げるまでの「過程」を重視する。つまり、注ぎ込まれた労力と時間が、真剣に頑張ったかどうかを図る目安となる。そこでは、「成果を生むのにかかる時間が短ければ短いほど良い」という視点、つまり効率性は抜け落ちている。それどころか、こうした日本流精神主義は、**「残業時間が長ければ長いほど、頑張っている証拠。残業時間が少ない社員は、頑張っていない」という考え方につながる危険をもはらんでいる。**これが、ドイツに比べると日本の労働時間が大幅に長く、1時間当たりの労働生産性が低い理由の1つにもなっている。我々日本人は、このような考え方を、そろそろ捨てるべきではないだろうか。

ドイツ社会の個人主義も一因

私がNHKで働いていた1980年代には、「上司がオフィスに残っているのに部下が先に退社するのは、なんとなく気が引ける」という雰囲気があった。ドイツでは、逆である。**「上司は高い給料をもらっているのだから、平社員よりも長く働くのは当然」と考える空気がある。**したがって上司が遅くまでオフィスに残っていても、平社員が先に帰宅することには、何の問題もない。

そもそもドイツ企業では、管理職と平社員の待遇の格差は、日本企業とは比較できないほど大きい。ドイツ企業では、部長以上の管理職（leitender Angestellter）になると給料の額が大幅に増える他、会社によっては社用車が支給される。社用車は、建前では顧客の接待や通勤など業務に使うものだが、実際には私用に使うことも許される。自動車保険の保険料や燃料代、修理代も企業から支給される。ドイツのある銀行で働いていた女性管理職は、ＢＭＷのスポーツカーを社用車として支給されて、得意顔だった。したがって平社員の間には、「管理職が我々よりも長く働くのは当たり前」という気持ちがある。

日本とドイツの人間関係の違いも、重要だ。ドイツは、個人主義が強い社会である。ドイツ企業では、日本の企業よりもチーム精神が希薄だ。**同じ課に属する同僚が残業していても、自分の仕事が終わったらさっさと帰るのは常識だ。「おれが仕事をしているのに、あいつだけは先に帰りやがって」という妬みの感情はない。自分は自分、他人は他人なの**

である。

チームへの帰属精神が薄い理由は、日本との雇用形式の違いだ。雇用の仕方には、会社が必要とするスキルを持った人を雇用するジョブ型雇用と、スキルを問わずにチームの一員として雇用するメンバーシップ型雇用がある。

ドイツの企業では、ジョブ型雇用がメンバーシップ型雇用よりも多い。ドイツでは大学などで高等教育を受けた学生は、企業で即戦力となるスキルを身に付ける場合が多い。彼らは大学にいる間に、国内外の企業で実習生として働く経験も積んでいる。企業は、他社ですでに実習生として働いた経験を持ち、企業が必要とするスキルを持っている学生を、優先的に採用する。

これに対し日本では、最近徐々にジョブ型雇用が増えているものの、大半の企業ではメンバーシップ型雇用である。ほとんどの学生は、大学を卒業しても企業で直ちに使えるスキルを身に付けていない。彼らはチームの一員として雇用され、徐々に必要とされるスキルを社内研修によって身に付けていく。こうした差があるので、ドイツではチームへの帰属精神は日本よりも薄いのだ。

日本は「ムラ」のような集団社会である。チームの和が重んじられ、他の人と同じように行動することを求める圧力が、ドイツよりも強い。私は1989年9月から1年間NHKワシントン支局で特派員として勤務した。ある日、大きな事件が起きたために支局員全員が夜遅くまで働いていた。私は風邪気味で体調が悪かったために、支局長に「風邪をひいていて調子が悪いので、帰宅してもいいでしょうか」と尋ねた。支局長は、「他の同僚たちがみんな遅くまで働いているのに、おまえだけが楽をしようというのか」と言われて、帰宅を禁じられた。いかにも集団社会・日本の組織らしいエピソードだ。「つらくても我慢して頑張る」というのは、体育会系のクラブを連想させる。

ドイツは、日本に比べて個人の事情を重んじる社会だ。**上司が、部下に対して健康状態が悪い時にも無理をして働けということは、絶対にない。ドイツの管理職は「Fürsorgepflicht（保護義務）」を負っているからだ。つまり管理職は、部下の健康を守ることを義務付けられている。**ドイツの管理職は、社員一人一人の事情が異なることに配慮しなくてはならない。体調が悪い社員に対して「働け」と命じることは、保護義務に違反する行為であり、そのような上司には管理職の資格はない。

「自分の都合は押し殺して、他の社員と一緒にがんばる」という日本的美徳は、ドイツでは通用しない。健康状態は、社員一人一人異なるからだ。体調など、個人の事情が千差万別なのは、日本でも同じである。私としては、個人の事情よりも組織の和を重んじる日本の発想よりも、ドイツのやり方のほうが理に適っているように思われる。

様々な労働形態

また、残業時間が多い課の課長は、取締役や事業所評議会（企業別組合）からにらまれる。管理職は、自分の勤務評定が悪くなると、昇進に影響するので、なるべく社員に残業をさせないようにする。

ちなみに、最近ドイツでの働き方は、どんどん柔軟的になっている。たとえば、フレックス・タイム制度を取っている企業が増えている。１９９０年代の初めまでは、午前9時から午後3時まではオフィスにいることを義務づける会社が多かった。会社にいなくてはならないこの時間帯は、Kernzeit（コア・タイム）と呼ばれた。9時を過ぎて出社、つまり遅刻した社員は、受付の職員に氏名と部課名を伝えなくてはならなかった。受付の職員は、その社員の上司に遅刻の事実を報告する。まるで、小学校のようだ。最近では、こうした制度を取っている企業は非常に少ない。

フレックス・タイム制度を採用している企業では、オフィスにいなくてはならない時間帯はない。重要なのは、労働時間の口座の収支だ。収支がプラスである限り、働く時間を自由に決めることができる。残業時間が多く残っている人は、時間口座のプラスを減らすために、午前10時に出社して午後2時に帰っても、全く問題ない。近年ドイツの企業では社員の自由が拡大する傾向がある。

社員がいちいちタイムカードを押す義務を免除する「信頼労働時間」という制度もある。企業側は、社員がタイムカードに打刻しなくても、きちんと働いていると見なす。そのかわり、社員は具体的な「成果」を出すことを期待される。

残業代を通常支払わずに、残業時間を「生涯労働時間口座」に蓄積させる会社も増えている。口座にたまった残業時間は、社員が会社を退職する時に、現金として支払われる。口座に蓄積する残業時間については所得税がかからないので、社員は退職して残業代をまとめて受け取る時まで、税金の支払いを一時的に免除されるという利点もある。または、社員は口座にためた残業時間を利用して、定年退職の時期を早めたり、長期休暇を取ったりすることもできる。勿論、人件費を節約するために、残業代を一切支払わないという会社もある。

残業が多い社員は無能と見なされる

ドイツで残業という言葉につきまとうイメージは、日本よりもはるかに悪い。残業時間が多い社員は、無能と見なされることもある。つまり仕事の能率が悪く、むだやミスが多いので、労働時間が長くなると考えられるのだ。**ドイツの企業で優秀と見なされるのは、残業をせずに短い労働時間で、具体的な成果を生み出す社員だ。**かつての日本では、夜遅くまで残業をしている社員については、上司が「熱心でやる気のある社員だ」と前向きに評価することもあった。しかしドイツには、そのような上司は滅多にいない。残業時間が多いことを会社への忠誠心の証と考える人は、ほぼゼロだ。

読者の皆さんの中には、将来ドイツに移住して、この国の企業で働こうと考えている人はあまりいないと思う。だが万一そのような奇特な人がいた場合には、なるべく残業をしないことをお勧めする。同じ成果を上げている2人の社員の内、上司の評価が高いのは、労働時間が短い社員だ。残業時間が多く、成果も少ない社員は、出来が悪い社員という烙印を押される。

最近ドイツの企業では、社員に定期的に上司の査定を行わせる会社が増えている。上司について批判的なコメントを書いた社員が、後で上司から仕返しをされないように、査定は匿名で行われ、企業から独立したコンサルタント会社などが結果を集計して、人事部に報告する。したがって、部下に長時間労働を強いるなどして、保護義務をおろそかにしている管理職は、人事部によってその事実を知られる。つまり、部下による査定の結果が悪くなるので、昇進が難しくなる。**平社員の意見が、上司の昇進を左右できるのだ。ある意味では、民主的なシステムである。**日本でもこのようなシステムを採用している企業があると思うが、どんどん増やすべきだ。

遵法精神が強い

私は、ドイツ人の労働時間が短い理由の一つは、法律に対する態度が日本とは違うことだと考えている。ドイツ人は、日本よりも法律や規則を守ることを重視する民族だ。彼らは日本人よりも自己主張・個人主義が強い。さらにドイツは移民社会なので、欧州以外の文化圏から来た外国人も多数住んでいる。そうした社会を束ねて、空中分解するのを防ぐのが法律と規則である。ドイツ人も外国人も、法律と規則には従わざるを得ない。従わないと、制裁を受けるからだ。ドイツでは法律や規則が多いだけではなく、政府が厳しく法律違反があるかどうかをチェックする。市民や企業も法律に違反しないように細心の注意を払う。つまり法治主義がお題目ではなく、実行されている。

私はこの国に34年間住んでいるが、「ドイツ人は人間の感情よりも、法律や規則を重視する人々だ」と感じたことが何度もある。イタリア人、フランス人、ギリシャ人に比べても、ドイツ人は法律や規則を重視する傾向が強い。良く言えば生真面目であり、悪く言えば融通がきかない。

日本語の「清濁併せ呑む」とか「融通無碍《むげ》」という言葉には、「物事を杓子定規でとらえない、懐の広い人」という前向きな意味があるが、ドイツにはこのような形容詞はない。日本には「水清ければ魚棲まず」という諺《ことわざ》もある。これは孔子の教えから来た諺だが、「清廉すぎる人は、人に親しまれず孤立してしまう」という意味で、法律や規則にしがみつく人は嫌われるという意味合いがある。このような諺も、ドイツにはない。

むしろドイツ人は、法律や規則によって白黒や善悪をはっきりさせることを好む。竹を割ったような性格の人が多い。ドイツ語に「Zwielicht」という言葉がある。これは光の状態を指す言葉で、夜明け前の薄明のような、明るいのか暗いのかはっきりしない様子のことだ。ドイツでは「ある人がZwielichtの中にいる」というと、疑惑をかけられている状態を意味し、ネガティブな意味が強い。つまりこの国では「清濁併せ呑む」人は悪い人であり、魚が棲まなくなっても水は清くなくてはならない。

ドイツは、グループの調和を重んじる日本に比べると、はるかに個人主義が強い社会である。「Jeder für sich, Gott für alle（全ての人は、自分のことだけを考え、神様は全ての人のことを考える）」という言葉は、個人主義社会ドイツを象徴する言葉だ。だがもしも市民や企業が自分の利益だけを追求し、誰も彼らの行動を制御しなかったら、社会がばらばらになってしまう。まるで熱帯のジャングルのように、弱肉強食のルールがはびこり、強い者だけが生き残り弱い者は死に絶えていくだろう。そうした状態に歯止めをかけるために、法律が使われる。

ドイツ人は、「人々が全体の調和よりも、個人の利益を追求する社会で、最低限の秩序を守るためには、法律や規則で市民や企業の行動を律する必要がある」と考えているのだ。私は、ドイツ人が法律遵守を重んじる性格は、この国の強烈な個人主義の裏返しだと考えている。厳しい制裁に裏打ちされた法律が、社会がばらばらになるのを食い止めるかすがいになっている。

会社で仕事ばかりしていると離婚される

ドイツ人の労働時間が日本に比べて短いもう1つの理由は、彼らが家庭や個人の生活を重視しているからだ。連邦統計局によると、この国では2022年に12万9000組の夫婦が離婚した。結婚生活が続く年数は、平均14・8年である。ドイツの離婚件数は年々減っているが、2023年には人口1000人当たりの離婚率は1・7だった。これに対し日本で2022年に離婚したのは17万9096組で、人口1000人当たりの離婚率は1・47だった。つまりドイツの離婚率は、約16％高い。

ドイツでは共働きの家庭が多いので、離婚後も経済的に自立できる女性が多い。つまりドイツの勤め人は会社や役所で働いてばかりいて、家族をないがしろにしていると、離婚される危険が高い。ドイツでは、友人の誕生日パーティーなどに招かれた時に、カップルで出席するのが基本だ。夜に外食したり、映画を見に行ったり、音楽を聞きに行ったりすることも、欧州の人々の生活には欠かすことができない。夫が会社で毎日残業しているために、妻がそうした場に1人で行かなくてはならないケースが増えた場合、疎外感は急速に強まる。毎日午後9時ごろまで会社で働いていたり、頻繁に出張したりするサラリーマンは、配偶者から愛想をつかされて三下り半を突き付けられることを、覚悟しなくてはならない。逆に妻が華々しく出世して、夫や子どもたちの面倒を見られないケースも、同様だ。

また、ドイツでは、日本とは異なり、子どもを塾や予備校に行かせる親はほとんどいない。極端に成績が悪い子どものための特別な補習教室を除くと、日本のような塾や予備校はない。このため、子どもの成績が芳《かんば》しくない場合には、親が早めに帰宅して子どもに勉強を教えたり、宿題の指導をしたりする。ドイツの教育制度では10歳の時の成績で、大学などで高等教育を受けるか、それ以外の道へ進むかが決まってしまう。

ドイツ社会で比較的高い給料をもらったり、企業で管理職になったりするのは、やはり大学などで高等教育を受けた人々である。大手企業の取締役になる人の中には、ドクトル(博士)の肩書を持つ人が多い。大学に進学するには、11歳になってからギムナジウム(中等教育機関)で学ばなければならない。だが10歳の時の成績が悪くて、ギムナジウムに進めないと、高等教育を受けるための道は絶たれてしまう。敗者復活の可能性は極めて少ない。たとえば、勉強が苦手な10歳の息子を持つあるドイツ人会社員は、毎日朝7時に出社して午後3時に退社し、必死で子どもの勉強を見ていた。つまり塾や予備校がないドイツでは、両親が文字通り「家庭教師」である。親が毎日遅くまで会社や役所で残業していたら、子どもの勉強を見る時間はなく、成績は悪化する。大学へ進む道も閉ざされることになる。

夏休みの宿題は法律で禁止！

ちなみに、日本企業から派遣された駐在員が多いデュッセルドルフやミュンヘンには、日本人の児童・生徒向けの塾や予備校がある。子どもたちがドイツに住んでいても、日本での大学受験のための準備が遅れないようにするためだ。これらの予備校では、日本と同時に模擬試験が行われることもある。パリには塾や予備校がない。このため、デュッセルドルフの予備校で日本と同時に模擬試験が行われる時には、子どもを飛行機でパリからデュッセルドルフに送る日本人駐在員もいる。

我が子を落ちこぼれにしたくないという両親たちの気持ちも理解できる。だがこうして我々日本人は、子どもの頃から、自由時間が少ない生活に慣れさせられている。小学生時代からこのような生活をしていれば、成人してからも、自由時間を渇望する人間にはならないだろう。せっかく欧州に住んでいるのに、もったいないことだ。

あるドイツ人は、「東京の駅で、午後9時頃に塾や予備校から帰宅する沢山の子どもたちを見て、びっくりした」と語っていた。ドイツでは、このような光景は考えられない。この国では**勉学だけでなく、子どもが家族と一緒に過ごす時間や、友だちと遊ぶ時間も重視しているからである。**

日本人にとって、驚異的な事実がある。ドイツの多くの州政府は、夏休みや冬休みに学校が子どもたちに宿題を出すことを禁止しているのだ。その理由は、**ドイツの夏休みや冬休みの目的が、子どもが学校での勉強の疲れを癒し、家族や友だちとの時間を楽しむことにあるからだ。**

たとえばバイエルン州教育省の規則によると、夏休みなどの長期休暇だけではなく、祝日と日曜日向けの宿題を出すことも禁止されている。つまり**ドイツでは、基本的に宿題とは、授業がある月曜日から金曜日だけに出すべきものとされているのだ。**夏休みに宿題がどっさり出る日本とは、大変な違いである。私は日本で小学生だった頃、夏休みに水泳の授業のために学校に行ったり、クラブ活動に参加させられたりしたことがある。

ドイツでは夏休み中の子どもに沢山の宿題を出したり、学校でのスポーツ活動に強制的に参加させることは、考えられない。もしもそんなことをしたら、親が抗議するだろう。つまりドイツ人たちは子どもの頃から、勉学にいそしむ時間と余暇をきちんと区別し、余暇には自由時間を楽しむことが当たり前になっている。学校側も、子どもが自由時間を楽しめるように配慮している。こうした余暇を楽しむ習慣が、大人になって就職してからも、続いているわけだ。

ドイツ社会のヒューマンな側面

もちろんドイツ企業はパラダイス（極楽）ではない。ドイツ人は論理を重んじ、日本人ほど他人の感情やその場の雰囲気に配慮しない。人の心を傷つけても、事実を正直に言うことを重視する。「空気を読む」とか「忖度する」という言葉とは無縁の社会だ。

上司は部下の仕事ぶりが気に入らないと、「あなたの働き方には不満だ」とはっきり言う。面と向かって「私はあなたのことを信用していない」と直言する上司もいる。このため社員や部署の間の摩擦も多い。日本企業以上に、規則が多い。パフォーマンスが悪い社員の降格は、日常茶飯事だ。成果主義に基づいて社員を評価し、社員に高い効率性を求め、信賞必罰が明確なドイツ企業は、ある意味で冷たく、厳しい組織である。

だが厳しいドイツ企業には、日本企業にはない、人間くさい側面もある。たとえば、社員が誕生日や結婚、子どもの誕生、定年退職、試用期間が終わって正社員になったことなどを祝うために、会社のカフェテリアやキッチンに同僚や上司を招待し、飲み物や軽食を振る舞うことがある。バイエルン州の企業では、祝い事のために、午前10時から伝統料理の一つである白ソーセージとビールが振る舞われることもある。同僚はお金を出し合って花束やプレゼントを買い、寄せ書きをしたカードとともに、誕生日を迎えた人や結婚した人などに贈る。

普通、カフェテリアでコーヒーなどを飲んで休憩する時や、屋外で煙草を吸う時、会社から出て買い物に行く時などには、タイムカードでチェックアウトし、「勤務していない時間」を登録しなくてはならない。しかし誕生日や結婚、定年退職、試用期間の終了などについては、勤務時間中に祝うことを許している企業が多い。効率性重視のドイツ企業らしからぬ、人間くさい習慣である。日本企業の経営者ならば、「そんな個人の祝い事は、勤務時間外にやれ」というに違いない。これは、日独企業文化の、興味深い違いだ。

ドイツでは過労自殺が問題になっていない

ドイツでは日本とは違って、過労死や過労自殺が大きな社会問題になっていない。その背景には、**ドイツの労働時間が1日当たり10時間に制限されていること、毎年30日間の有給休暇を完全に消化できる制度、病気や怪我で働けなくなっても最高30日間は給料が支払われる制度などがある。**

我が国では何年も前から過労死や過労自殺が社会問題となってきたが、21世紀に入るまで残業時間を制限するための本格的な対策が取られることはなかった。政府が働き方改革関連法を施行させたのは、2019年4月1日からである。

厚生労働省の令和5年（2023年）版過労死等防止対策白書によると、我が国の年間自殺者数は、1998年から2011年まで14年間連続で3万人を超えていた。この背景にはバブル崩壊後の日本の景気の悪化が影響していると思われる。自殺者数は2010年以降減少しているものの、2022年には2万1881人が自殺した。前年に比べて874人の増加だ。2022年の自殺者数は、交通事故による死者数（2610人）の8・

4倍だ。

この内、勤務問題が原因とされた自殺は、2022年に2968件にのぼった。これは2021年（1935件）に比べて53・4％もの増加だ。厚生労働省は、「2022年に勤務問題が原因の自殺数が増えたのは、原因・動機の計上方法を変更したためであり、2021年の数字と単純に比較できない」と説明している。

2022年に自殺した有職者の数は、前年に比べて586人（7・3％）増えて、8576人となった。有職者の自殺者数は、2019年（7612人）に比べて12・7％増えている。つまり仕事に関連した自殺の件数は、コロナ禍による不況が終わってからも増えているのだ。

これらの数字を見ると、政府が鳴り物入りで始めた「働き方改革」が大きな成果を挙げていないことがわかる。

さらに、過重な業務によって発症した脳・心臓疾患をめぐる労災請求件数は、2004年度に800件を超えて以来、700件から900件台で推移している。2022年度には前年度に比べて50件増えて、803件となった。

さらに深刻なのは心の病だ。業務による心理的な負担によって精神障害を発症したとする市民からの労災請求件数は、２０２２年度には前年よりも３３７件増えて、２６８３件となった。２０１２年度からの10年間で、精神障害に起因する労災請求件数が２・１倍に増えたことを意味する。

ドイツの自殺率は、日本よりも大幅に低い

日本は残念ながら、世界有数の自殺大国だ。ＯＥＣＤの２０２１年（直近）の統計によると、日本の住民10万人当たりの自殺者数（自殺率）は15・６人だった。２０２１年の数字を発表している25カ国中、日本は韓国、リトアニアに次いで第3位である。Ｇ７諸国の中では、日本の自殺率が最も高い。ドイツについては２０２１年の数字はないが、２０２０年のドイツの10万人当たりの自殺者数は９・７人だった。２０２０年のドイツの順位は、第21位だった。２０２０年の日本の自殺率は15・４人だったので、ドイツよりも58・８％多いことになる。

連邦統計局によると、ドイツの２０２３年の自殺者数は１万３０４人だった。日本

図表3-1　ドイツの自殺率は、日本よりもはるかに低い

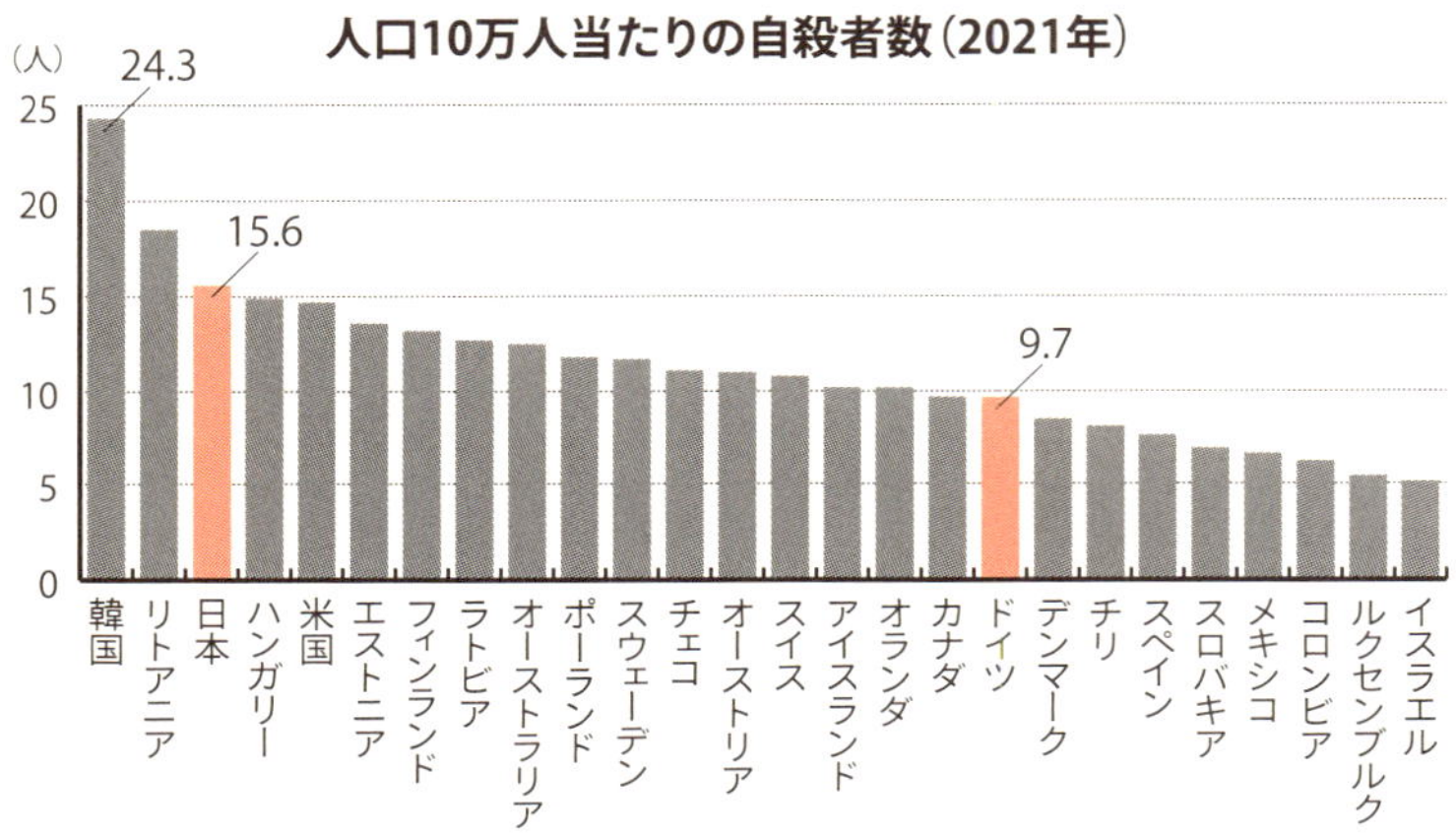

ドイツは2020年の数字。それ以外の国は、2021年。

資料・OECD　https://www.oecd.org/en/data/indicators/suicide-rates.html?oecdcontrol-a36842ec7c-var3=2021

（２万１８３７人）の半分以下である。ドイツの人口は、日本よりも約３分の１少ない。それにしてもドイツの２倍を超える日本の自殺者数は多い。２００５年の日本の自殺者数は、ドイツの３倍を超えていた。

私は毎年日本に出張するが、東京の地下鉄やＪＲを利用するたびに、「人身事故のために遅延」という掲示の多さに驚かされる。人身事故という言葉のオブラートに包まれているが、率直に言えば飛び込み自殺だ。飛び込み自殺の数が多いせいか、新聞のベタ記事にすらならない。日本に住んでいる人にとっては日常茶飯事なのかもしれないが、ドイツに住んでいる私には、この頻度は異常に感じられる。「東京は人口が

多いのだから、自殺の頻度も高くなる」と言っている日本人がいたが、私には納得できない。**私は日独間の「生きづらさ」の違いが、根底にあると考えている。**

韓国と日本という、儒教的文化を背景に持つ国が、自殺率ランキングの1位と3位にあることは、注目される。韓国・日本とも受験勉強のプレッシャーが大きいことで知られる。これらの国々では、社会の同調圧力がドイツなどの欧州諸国よりも強いのだろうか。

「仕事は生活の糧のため」と割り切る人が多い

ドイツ人の仕事ぶりを見ていると、「仕事を生活の糧を稼ぐための手段として割り切っているな」と感じることが多い。日本では、「仕事は自己を実現するための手段」と考えている人が目立つが、ドイツではそのように考えている人は極めて少ない。ほとんどの人は、「自分と家族を養うために、会社や役所に自分の時間を切り売りしている」と考えている。したがって、無理をして身体を壊してまで、仕事をしようとする人も少ないのだ。仕事に対して日本人よりも距離を置いており、ドライである。

昭和の時代には、「身体を壊すくらい仕事に打ち込むべきだ」という体育会的な考えを持つ人が多かったように思える。

ＮＨＫで働いていた１９８０年代に、私は看板番組であるＮＨＫスペシャルの取材にしばしば加わった。米国や欧州で、ＰＤ（ディレクター）とカメラマンとともに３カ月にわたって取材し、帰国してビデオテープを編集して放送する。極めてクリエイティブで面白い仕事だった。

だがその過程で、ＰＤや編集マンたちが煙草の煙が充満した部屋で、徹夜をしながら番組を作る様子を目撃した。彼らは自分の身体を削るようにして、番組を作っていた。自宅に帰らずに番組のプロジェクトルームのソファで眠るＰＤ、ＮＨＫの近くのビジネスホテルで仮眠するＰＤたちを見た。

なぜこのような無理な働き方になるかというと、番組制作のスケジュールがきつすぎたせいだ。私は、３カ月海外で取材して約１００本ビデオテープがたまったら、編集には最低１カ月はかけるべきだと考えていた。編集は、番組の制作の中で最もクリエイティブな作業なのだから、十分睡眠を取り体調が良い時に行なうべきだ。それを帰国から約２週間で編集を終わらせなくてはならないというのは、かなり無理がある。

こうした激務を続けていたＰＤの中には、素晴らしい番組を制作したが、比較的若い年

図表3-2　ドイツの自殺者数は、日本の半分以下

日独の年間自殺者数比較

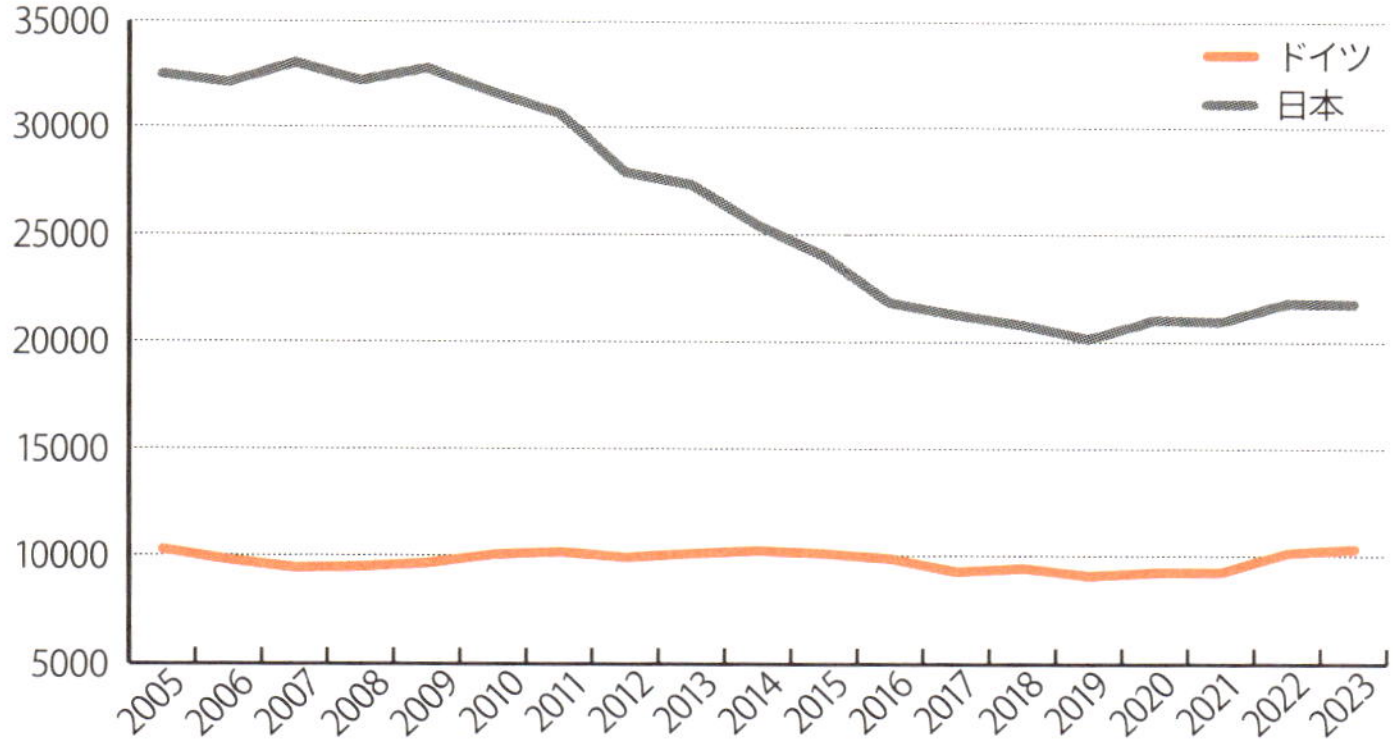

資料
厚生労働省　https://www.mhlw.go.jp/content/11200000/001154315.pdf
ドイツ連邦統計庁　https://www.destatis.de/DE/Themen/Gesellschaft-Umwelt/Gesundheit/Todesursachen/Tabellen/suizide.html

齢で他界した人もいる。ＮＨＫスペシャルの取材・制作でご一緒したＳ先輩、Ｕ先輩はともに鬼籍に入られた。

私は徹夜をすると、頭の中が朦朧《もうろう》として、まともな原稿を書けなくなる。徹夜の後遺症は、次の日にまで残る。「テレビの記者の仕事は面白いが、徹夜をして身体を削ってまでするべき仕事ではない」という冷めた考えが、心の片隅に常にあった。

「いい仕事をするには、きちんと休むことが大切だ」といつも思っていた。さらに企業が命じるままに転勤をしたり、長時間労働をしたりする生活には20歳代まででピリオドを打ち、30歳以降は、自分の時間の内、自分でコントロールできる比率を増やした

いと思った。このため私はNHKでの仕事を8年で終えて、仕事についての価値観が全く異なるドイツにやって来たのだ。

時短と休暇がもたらす心の余裕

会社や役所、商店などで働く人の1日の労働時間を最高10時間に制限し、毎年30日間の有給休暇を完全に消化できる制度は、ドイツ人に心の余裕を与えている。勿論ドイツ企業にも、繁忙期はある。業務量が増えても、10時間以内に仕事を処理しなくてはならないというタイム・プレッシャーは大きい。それでも、「あと1週間頑張れば、家族と2週間イタリアへバカンスへ行ける」と考えれば、心身のバランスを崩す危険は、比較的少なくなる。これが、ドイツで過労死や過労自殺が大きな社会問題にならない理由の1つである。

日本はGDPが世界第4位の経済大国だ。しかし、休暇の取得率や年間労働時間、自殺率などを考えると、本当に豊かな国といえるのかどうか、私には確信が持てない。

労働時間を短くし、労働を今よりも効率的に行えば、労働生産性が上昇するだけではなく、過労死や過労自殺に追い込まれる人の数も大幅に減るに違いない。これは経営者にとっても、勤労者にとっても歓迎するべき変化である。

日本では少子化と高齢化により、労働人口の減少が懸念されている。それだけに、貴重な人材が過重労働のために心身のバランスを崩し、戦列を離れることは日本経済にとっても大きなダメージではないか。ワークライフバランスの改善は市民だけではなく、結局は国のためにもなる。

第4章

コロナ後、ドイツ人の働き方はどう変わったか

２０２０年のコロナ禍がきっかけとなって、ドイツ人の働き方は大きく変わった。**ドイツでは日本とは異なり、今もテレワークが定着している。市民にとって、以前よりも柔軟な働き方が可能になった。この国でのビジネスライフは、もはやテレワークなしには考えられない。**

今も４・３人に１人がテレワーク

ドイツ連邦統計局が２０２４年６月26日に発表した統計によると、「時々テレワークを行っている」と答えた回答者（企業で働いている人だけではなく、自営業者やフリーランサーも含む）は、２０２２年には24％、２０２３年には23・５％だった。２０１９年にテレワークを行っていた就業者の比率は12・８％だったので、自宅勤務者の比率がコロナ禍の前のほぼ2倍に増えたことになる。

会社などに雇われている就業者の間では、２０１９年に時々テレワークを行っていた人は10％にすぎなかったが、２０２３年には22％だった。つまり**勤め人のほぼ５人に１人が今もテレワークを行っている。**

大企業ほど、テレワークを行っている社員の比率は高い。特に社員数が250人以上の大企業では、テレワークを行っている社員の比率が33・8%で、中規模企業（社員数50人超249人以下）のテレワーク比率（22・9%）を上回っていた。社員数が49人以下の小規模企業では、テレワーク比率は13・1%に留まっていた。

また「テレワークを行っている」と答えた就業者に対してテレワークの日数を尋ねたところ、2023年にはその内の26%が毎日テレワークを行っていた。回答者の30%は、1週間の少なくとも半分はテレワークを行っていた。

今では多くの人が忘れているが、当初欧州では、新型コロナウイルスが猛威を振るった。ドイツでは、日本よりも人口10万人当たりのコロナによる死者数がはるかに多かった。ジョンズ・ホプキンス大学の統計によると、2020年5月には日本では人口10万人当たりの死者数は0・7人だったが、ドイツでは10・3人だった。

このため当時のアンゲラ・メルケル政権は感染者数を抑えるために、飲食店、劇場、映画館などの営業を禁止し、ロックダウンを実施せざるを得なかった。さらにドイツ政府は2021年1月、「テレワークが可能な職種では、経営者は業務に支障が出ない限り、社員にテレワークを許可すること」という法令を施行した。製造業界など、どうしても現場

図表4-1　就業者の約24%が今もテレワーク実施

ドイツの就業者の内、「時々テレワークを行っている」と答えた人の比率（自営業者、フリーランサーを含む）

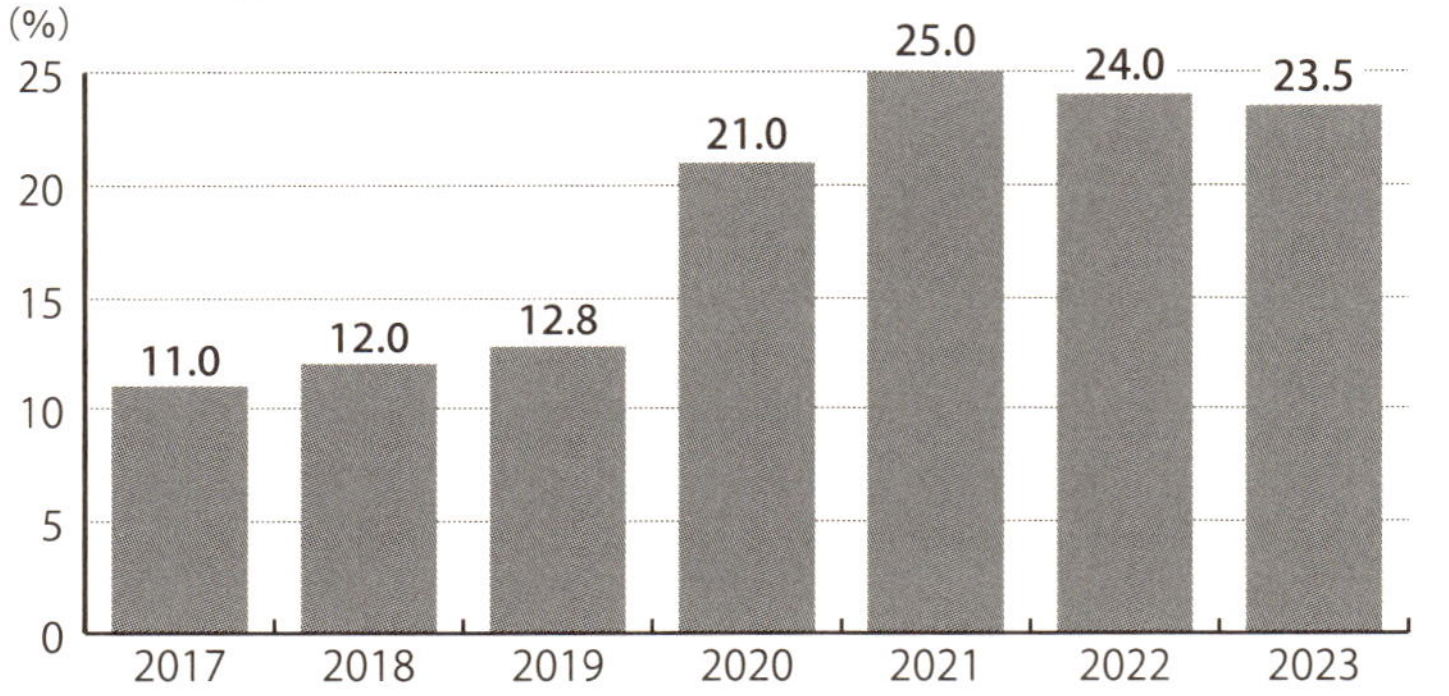

資料　ドイツ連邦統計局
https://www.destatis.de/DE/Presse/Pressemitteilungen/2024/06/PD24_N032_13.html#:~:text=Den%20h%C3%B6chsten%20Homeoffice%2DAnteil%20unter,Anteil%20in%20dieser%20Altersgruppe%20sein.
https://www.destatis.de/DE/Presse/Pressemitteilungen/Zahl-der-Woche/2023/PD23_28_p002.html

に行かなくてはならない仕事を除いて、テレワークが事実上義務化されたのだ。

　このため当時ＩＴ業界や、銀行、保険などの金融サービス業界では、社員のほぼ９割が自宅で働いた。この時期、企業はＺＯＯＭなどを使ったテレワークのためのインフラを急速に整備した。部会や外国の顧客との商談も、リモート会議で行えるようになった。この法令の適用は２０２２年３月に終わったが、それ以降も、**ドイツの就業者のほぼ４・３人に１人が時々テレワークを行っているのだ。**

　２０２３年に企業や省庁などに雇われて働いていた就業者の内、テレワーク比率が

図表4-2　テレワーク実施者の26％が毎日自宅勤務

テレワークを行っていた就業者が、テレワークを行う日数

設問「1週間の内、何日テレワークを行っていますか？」

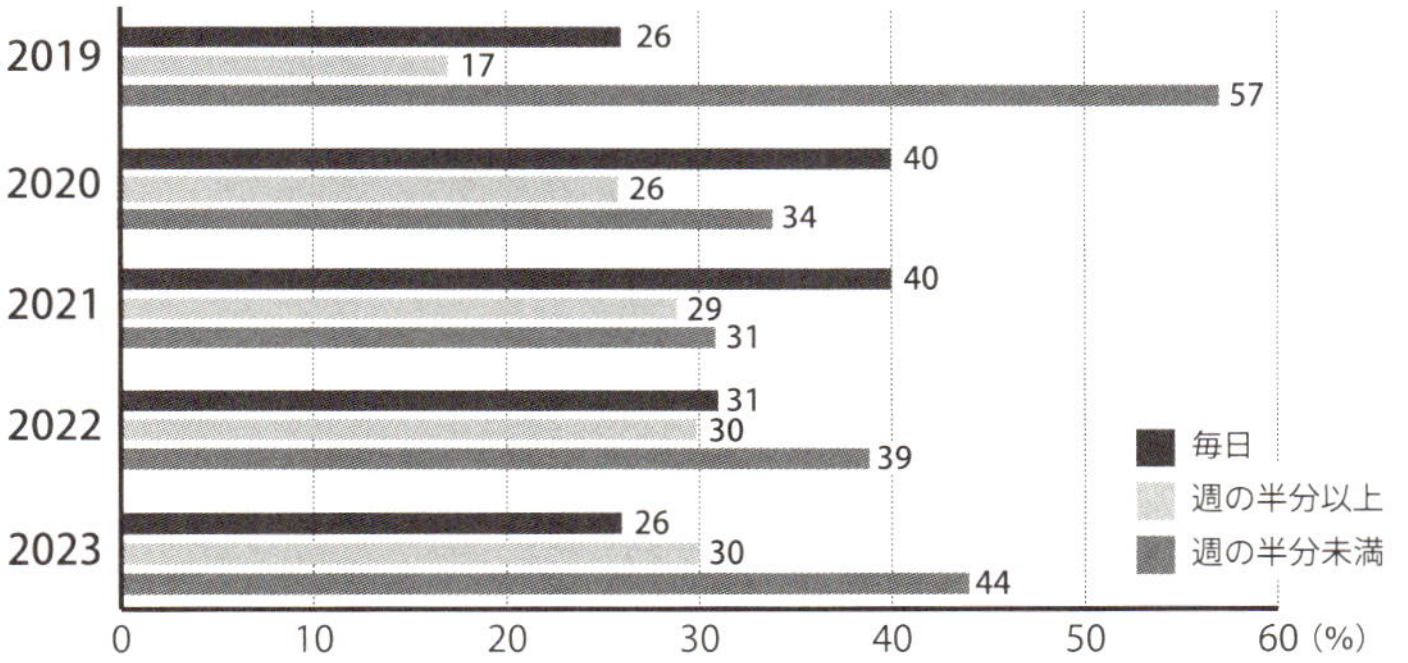

資料　ドイツ連邦統計局
https://www.destatis.de/DE/Presse/Pressemitteilungen/2024/06/PD24_N032_13.html#:~:text=Den%20h%C3%B6chsten%20Homeoffice%2DAnteil%20unter,Anteil%20in%20dieser%20Altersgruppe%20sein.

最も高かったのはＩＴ企業で74・7％、次が企業コンサルタントなどで72・5％、第三位が保険業界（68・6％）だった。これに対し車両製造では31・6％、機械製造では24・1％とテレワーク比率が低かった。

　ドイツの2023年のテレワーク比率（23・5％）は、ＥＵ平均（22・4％）に比べるとやや高い。それでも、**テレワーク比率が最も高いオランダ（52％）、スウェーデン（45・8％）、フィンランド（42・0％）に比べると大幅に低い。**その理由は、ドイツでは製造業に従事する人の比率がこれらの国よりも高いためだと思われる。

　経済研究所も、ドイツにはテレワークが定着したという見解を打ち出している。

図表4-3　テレワーク実施率トップはIT企業

2023年のドイツでの業種別テレワーク実施率

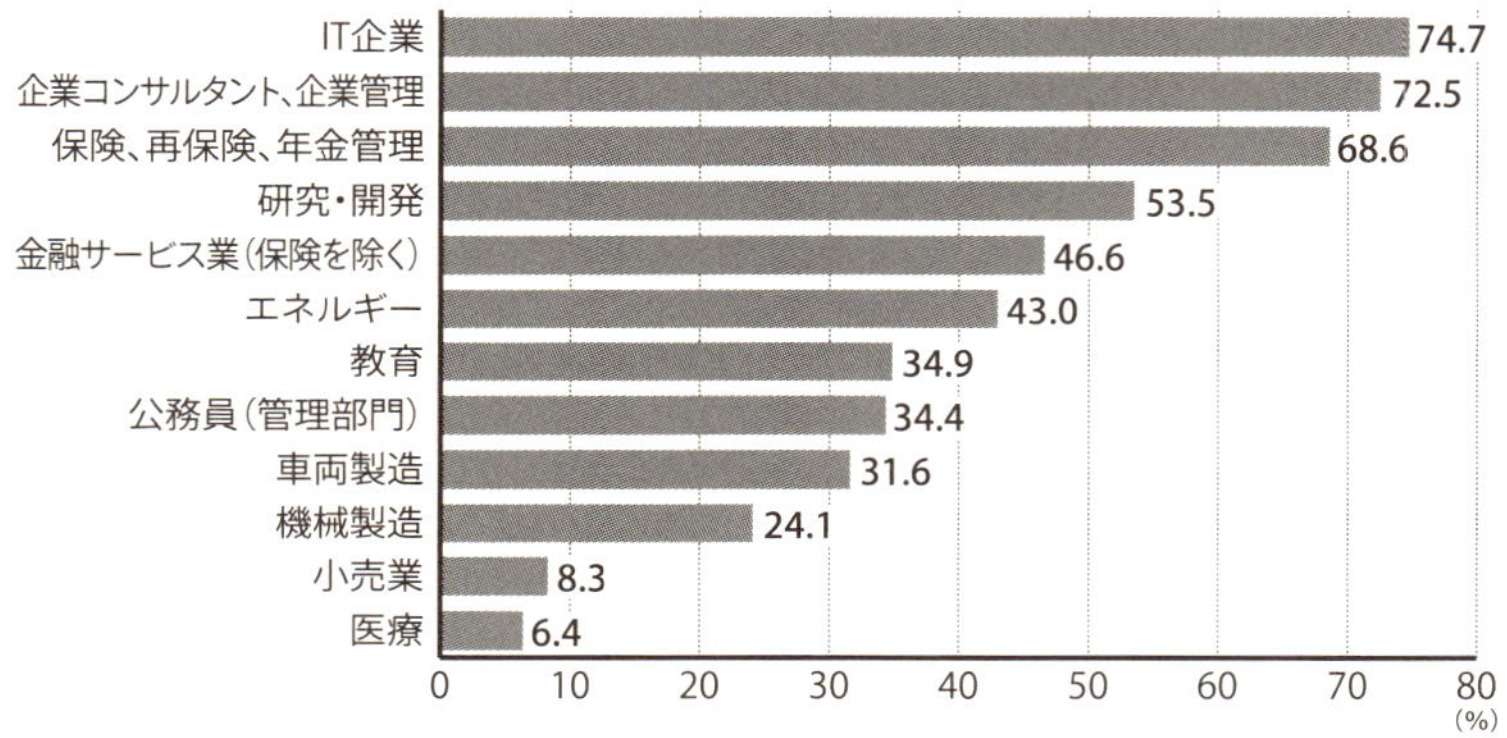

資料　ドイツ連邦統計局
https://www.destatis.de/DE/Presse/Pressemitteilungen/2024/06/PD24_N032_13.html#:~:text=Den%20h%C3%B6chsten%20Homeoffice%2DAnteil%20unter,Anteil%20in%20dieser%20Altersgruppe%20sein.

図表4-4　日本のテレワーク実施率はドイツよりも約10ポイント低い

日本のテレワーク実施率の推移

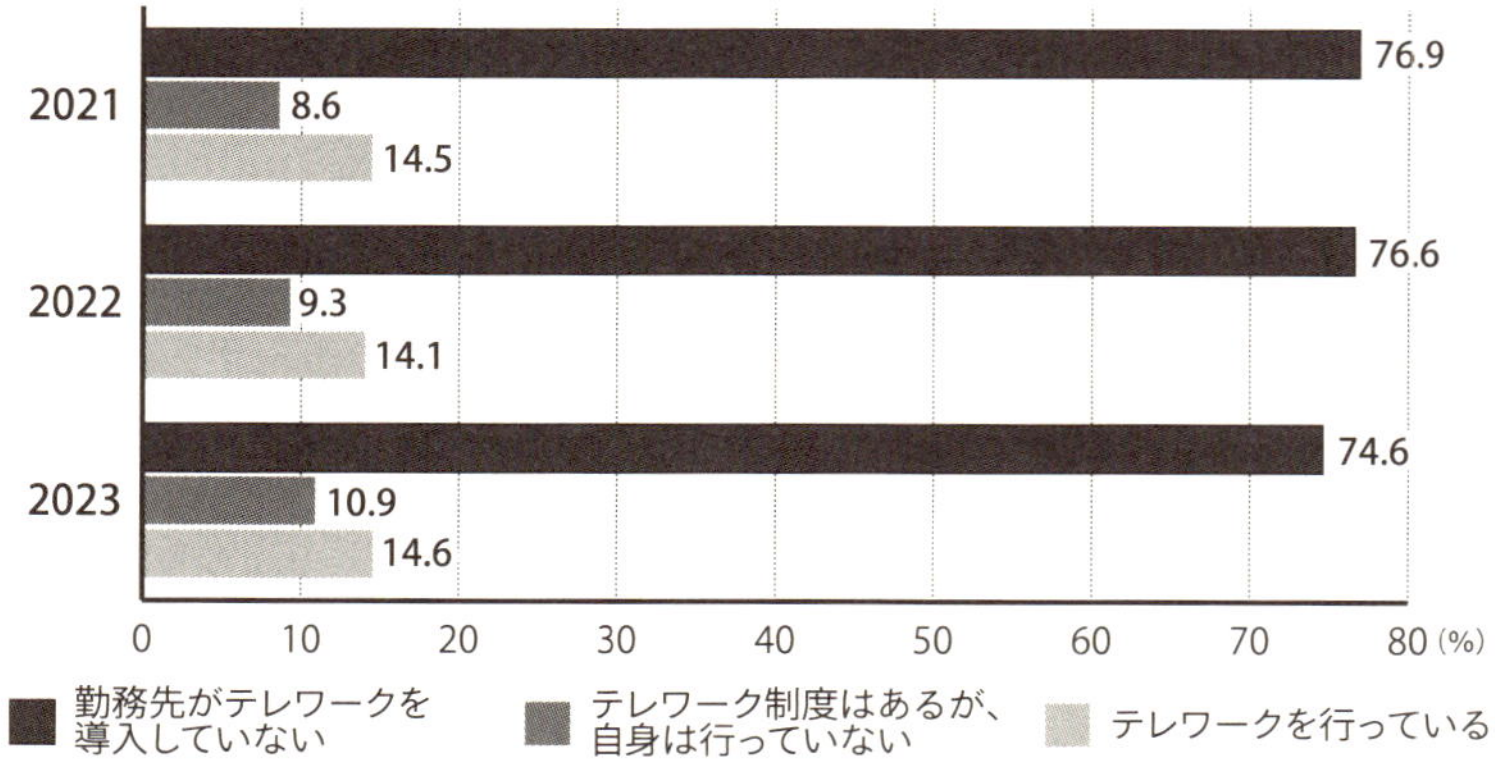

資料　NTTドコモ・モバイル社会研究所
https://www.moba-ken.jp/project/lifestyle/20230925.html#:~:text=2023%E5%B9%B4%E3%81%AE%E5%85%A8%E4%BD%93%E3%81%A7,%E7%B4%841%E5%89%B2%E3%81%84%E3%81%BE%E3%81%97%E3%81%9F%E3%80%82

2024年3月、ミュンヘンのifo経済研究所は約9000社の企業を対象に、テレワークについてアンケートを行った。ifoが発表したアンケート結果によると、回答した人の約25%が、「今年2月には、少なくとも1回はテレワークを行った」と答えた。この比率は、2020年以降ほとんど変わっていない。この結果からifo経済研究所は、この調査に関する報告書の中で、「テレワークはドイツに定着した」と結論付けた。

ちなみに、ドイツに比べると日本のテレワーク比率は低い。NTTドコモ・モバイル社会研究所が2023年9月に発表した調査結果によると、2023年の日本のテレワーク比率は14・6%で、ドイツよりも約10ポイント低かった。

家事の負担を夫婦で分かち合う

ドイツのほとんどのビジネスパーソンたちは、2020年のコロナ禍までテレワークを行っていなかった。ドイツの企業でも、日本同様「会社にいなくては上司や同僚から認められない」という雰囲気があった。特に出世をめざすエリート社員の間では、テレワークを行う人はごくわずかだった。

だがコロナ禍の発生以来、ドイツの多くの会社員たちがテレワークを初めて体験して、その魅力を発見した。**まず通勤時間がゼロになることで、時間を有効に使えるようになった。**効率性を尊ぶ多くのドイツ人たちは、テレワークを大歓迎した。ミュンヘンなどの大都市では、職場と自宅の間を行き来するのに2時間近くかかるのは珍しくない。顧客との打ち合わせもリモート会議で行えるので、出張する必要がなくなった。プライベートな時間を重視するドイツ人たちにとっては、大きな利点である。

特に子どもがいる家庭では、テレワークの利点が大きかった。夫と妻が2人とも自宅にいるので、交代で子供の面倒を見たり、家事を行ったりすることができる。**テレワークに**

よって、妻だけに家事の負担が偏るのを防ぐことができるようになった。

ボン大学で応用ミクロ経済学を教えているハンス・マルティン・フォン・ガウデッカー教授は、興味深い研究結果を発表した。彼は２０１４年から２０２１年に、オランダの家庭で父親と母親が家事のために割く時間を比較した。教授の研究結果によると、コロナ禍前の２０１９年には、オランダの家庭で妻が子どもの世話のために費やす時間は、１週間当たり平均31時間、夫は平均17時間だった。つまり妻が子どもの養育に費やす時間は、夫が養育に費やす時間よりも14時間長かった。子どもの面倒を見る仕事は、もっぱら妻に任されていた。だがコロナ禍が発生して多くの男性が自宅で働くようになってからは、妻と夫が子どもの養育に費やす時間の差は、14時間から10時間40分に減った。つまり**テレワークの増加が、ジェンダー・ケア・ギャップ（男女間の養育に関するギャップ）を減らしたのだ。**

フォン・ガウデッカー教授の計算によると、毎週夫が40時間テレワークを行うと、夫が子どもの養育に費やす時間は、コロナ禍発生前に比べて１週間当たり９時間20分増えた。つまり夫はテレワークが普及したために、「ウイークデーには、オフィスでの仕事が忙しいので、自宅で子どもの面倒を見られない……」という言い逃れを行うことができなくなったわけだ。出張や客の接待もゼロになったので、その分家族のために時間を割けるようになった。

会社側は、出社率の引き上げに必死

ドイツの多くのビジネスパーソンは、今もテレワークが好きだ。しかし大手企業の間では、社員の出社率を引き上げようとする社が増えている。

経営者たちは、オフィスで働く社員の数を増やそうと必死だ。たとえば同国最大手の金融機関ドイツ銀行は２０２４年２月に、「今年６月以降、管理職社員は少なくとも週に４日は出社すること。それ以外の社員も、テレワークは勤務日数の40％までに制限する。月曜日と金曜日のテレワークは禁止する」という通達を出した。

欧州最大の自動車メーカー、フォルクスワーゲンも、２０２３年11月から管理職社員に対し、週の内最低４日はオフィスで働くことを義務付けている。ソフトウエア・メーカーＳＡＰは、週の内少なくとも３日は自社または顧客のオフィスで働くことを義務付けた。通信企業ドイツ・テレコムでも、社員は少なくとも週３日オフィスで働くことを求められる。

管理職にとっては、部下がオフィスで働いている方が指示を出しやすいし、部下が働いているかどうかをチェックできるという利点がある。テレワークでは、部下が何をやっているかわからない。部長が大部屋に1人で座っていても、彼は指導権を発揮できない。一方、部下はテレワークを行えば自分のペースで仕事をできる。オフィスだと上司から「Xくん、ちょっと来てくれないか」といつ言われるかわからない。**実際、書類やエクセルシートの作成など、1人で行う仕事については、オフィスよりも自宅の方が集中して仕事をできるという声を聞く。**本音では、「毎日オフィスに行きたくない」と思っているドイツ人は多いはずだ。

テレワーク議論が訴訟に発展

テレワークが経営者と組合の間の訴訟に発展したケースもある。ドイツのある保険会社には、コロナ禍をきっかけとして、1カ月の内少なくとも4日オフィスに来ればよいというルールがあった。いつオフィスに来るかは、社員が自分で決めることができた。

この会社では、上司が部下に出社を要請しても、社員が「4日出社ルール」を盾にとって会社に来ないケースがあった。このため人事部が社員に警告書（Abmahnung）を出すこともあった。警告書は、社員が就業規則に違反したときなどに出されるもので、警告が重なると解雇される。労使はテレワークについての規則について話し合いを重ねたが、合意することができなかった。

このため2024年4月に経営側は、テレワークに関する規則を変更しようとした。新しい規則によると、管理職は業務上必要と認めた際には、社員に出社を命じることができる。「社員がテレワークを行う場合には、管理職の同意が必要」とした。

この保険会社の事業所評議会（企業別組合）は、「新しい規則が適用されると、社員が100％出社を強制される危険がある」として、2024年4月に労働裁判所に、テレワークに関する新規則の導入の差し止めを求める仮処分申請を提出した。ドイツの法曹界では、「このケースは最終的に連邦労働裁判所でも審理されることになるかもしれない。その判決は、ドイツの全ての企業のテレワークに関する規則に影響を与えることになるだろう」という意見が出ている。このためドイツでは多くの企業の人事部、組合関係者、法曹関係者たちがこのテレワーク訴訟の行方を注視している。

ドイツでは、労災保険や所得税法の関係で、ドイツ国外でのテレワークは原則として禁止されている。だがドイツ以外の欧州の国の企業で働く私の知人の間には、100%テレワークで、様々な国を旅しながら、リモート勤務をしている人がいる。**テレワークが普及すると、ニューヨークやロンドンのように家賃が高い大都市に立派なオフィスを借りる必要性は減る。企業はオフィスの賃貸料を節約して、別の目的に回すことができるかもしれない。**不動産業界には凶報だ。

今後世界の多くの企業では、オフィスの持つ意味が減っていく。そして人事部の評価では、成果主義の傾向が強まるだろう。「会社に何時間いたか」ではなく、「どんな成果を生んだか」が鍵となる。特に高い技能、専門知識を持つ人にとっては、働く場所と時間を自由に選べる、フレキシブルな働き方が益々重要になっていく。企業もそうした人々を雇用するためには、働き方の柔軟性を高めていくことが求められる。

第5章

ドイツはさらに時短を目指す・週休3日制への模索

ドイツの年間労働時間は、2023年の時点でもOECD加盟国の中で最も短かかった。しかし同国では今後さらに時短が進む。

2023年11月、ドイツ最大の産業別労働組合・金属産業労組（IGメタル）は、2023年度の北西地域の鉄鋼業界のための労使交渉の結果、2024年から所定週労働時間を3時間短くすることに成功した。具体的には、労働者は所定労働時間を現在の週35時間から、最大32時間まで短くさせることができる。労働時間を減らした場合、通常給料は減るが、経営側は減給のショックを和らげるために、部分的に給料を補填することに同意した。

IGメタルはこの労使交渉の中で、時短だけではなく2024年1月に1500ユーロの一時金の支給や、2025年1月以降5・5%の賃上げも実現した。この交渉結果には、労働力不足が深刻化しているために、組合側の発言力・影響力が強まっていることが感じられる。今ドイツでは約40万人労働力が不足している。こうした時代には、経営側は組合側の要求をにべもなく拒絶することが難しい。

交通部門でも、時短が進む。ドイツ鉄道と鉄道運転士組合（DGL）は2024年3月、シフト制の中で働いている労働者のために、現在の所定労働時間である週38時間を段階的に削減し、2029年には週35時間に減らすことで合意した。労働時間は減っても、給料は減額されない。つまり週労働時間が35時間に減っても、38時間働く場合の給料と同じ水準が維持される。DGLは2023年から2024年初頭まで頻繁にストライキを行うことで、経営側の譲歩を勝ち取った。

週休3日制をめぐる議論

今ドイツでは、週休3日制に関する議論が活発に行われている。この国では、現在原則として週休2日制が取られている。日曜日の労働は原則として禁止されている。土曜日も休みにしている企業がほとんどだ。だが**労働組合や学界からは、労働生産性を高めるだけではなく、労働者の健康や安全を守るために、週休3日制を導入するべきだという意見が出ている。**つまり週の労働日を、現在の5日から4日に減らすのだ。ドイツの経済界、学界では週休3日制に関する議論や実証実験が活発に行われている。今年発表された調査結果から、週休3日制では社員のストレスが週休2日制に比べて減ることがわかった。労働組合も一部の業種について、週休3日制の導入を求めている。これに対し経営側は「人手不足がさらに深刻になる」と猛反対している。

週休3日制はストレスを減らす

ミュンスター大学経済学部のユリア・バックマン教授は、10月18日、ドイツの45社の企業の協力を得て、今年1月から6カ月にわたって、中小企業を対象に実施した週休3日制に関する実証実験の結果を公表した。バックマン教授は、**「週休3日制を実施した中小企業の社員の間では、週休2日制を続けた企業に比べてストレスが減り、満足度が高まった」**と述べた。対象が中小企業に限られるとはいえ、ドイツで週休3日制に関する本格的な実証実験が行われたのは、初めてだ。

この実験にはサービス業、IT、加工業、コンサルタント企業など、主に中小企業が参加した。参加企業の86%は、社員数が250人未満だった。実験の主催者は、企業に対して、「2024年1月1日からの半年間の内、特定の期間に、週の労働日数を5日間から4日間に減らす実験を行ってほしい。その際に給料の額は変更しないでほしい」と依頼した。つまり企業は、通常5日間で達成する課題を、4日間で達成することを求められたわけだ。労働日の削減の方法は、企業に任された。参加企業の内、80％は実験期間中に、週休3日制を導入した。つまり土日に加えて、もう1日が休みになった。参加企業の60％は、実験期間中、社員全員に週休3日制を導入した。社員数が250人以上で比較的規模が大きな企業4社は、「経済的な状況」を理由に、途中で実験を中止した。

バッハマン教授によると、大半の参加企業では週の労働日を5日から4日に減らすことで労働時間が減ったが、4日間の1日当たりの労働時間を延長したり、残業時間を増やしたりすることにはつながらなかった。参加企業の60％が、「4日間の労働日に、仕事のプロセスを変えることで対応した」と答えた。**たとえば社員たちは、重要ではない会議の数を減らしたり、会議の時間を短くしたり、コーヒーを飲むなどの休憩時間を減らしたりして、仕事への集中度を高める工夫を行った。参加企業の25％は、デジタル・ツールを導入して手作業で行っていた業務をデジタル化して、仕事の効率性を高めた。**

デジタルウォッチでストレス時間を計測

バッハマン教授は、**「週の労働日を5日から4日に減らすことで、労働生産性は大きく**

図表5-1

1日当たりのストレス時間の比較調査

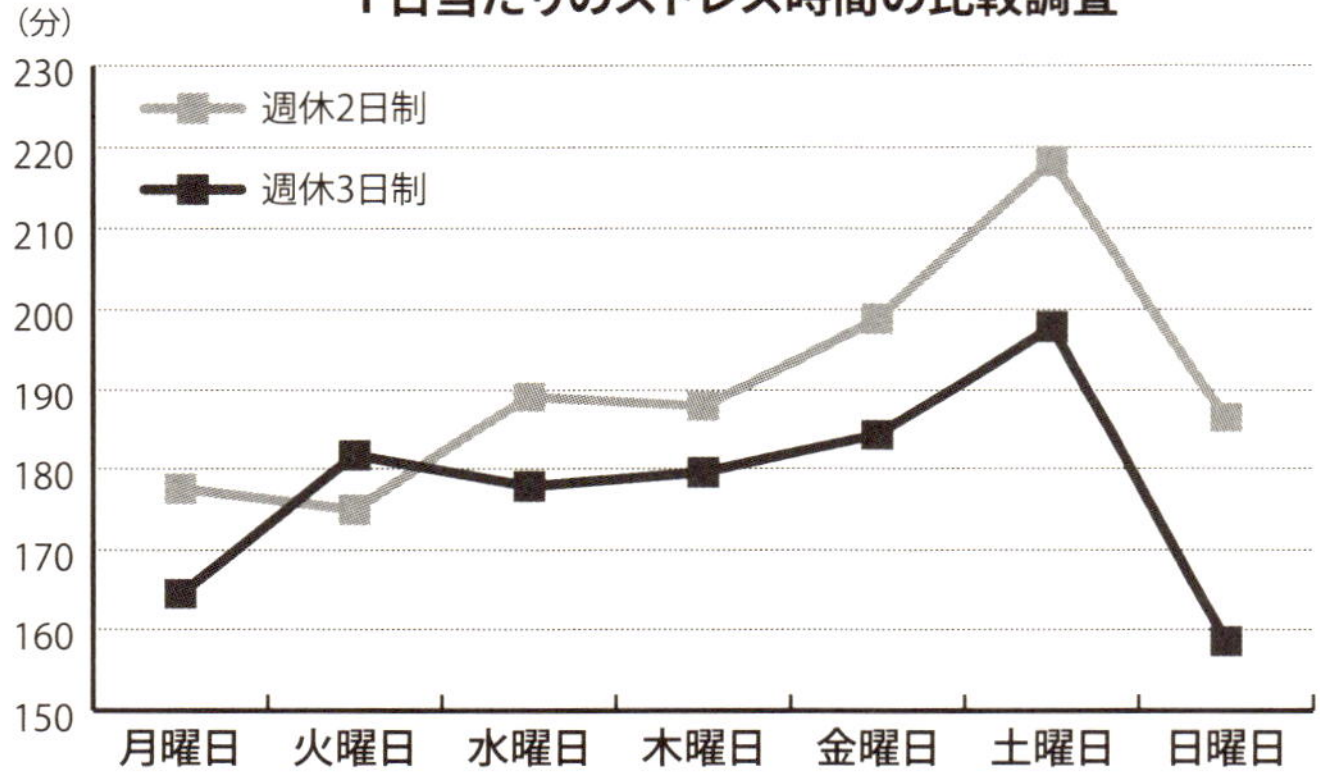

出所　ミュンスター大学
https://www.uni-muenster.de/news/view.php?cmdid=14337

変化しなかった。だが週休3日制は、社員のストレスを減らすことにつながった」と語る。研究チームは、実験に参加した社員たちにデジタルウォッチを配布し、社員がストレスを感じる「ストレス時間（stress minute)」を計測した。デジタルウォッチは、使っている人の心拍数を測定する。ストレスが多い時には、心拍数が増える。

研究チームは、比較のために、週休2日制をとっていた企業の社員にもデジタルウォッチを渡して、ストレス時間を測ってもらった。その結果、週休3日制を実施した企業の社員の間では、火曜日を除く全ての曜日に、1日当たりのストレス時間が、週休2日制の企業の社員に比べて最高7・

５％少なかったことがわかった。

元々休みである土曜日にストレス時間が最も高くなっていることを、不思議に思われる人がいるかもしれない。その理由は、ドイツではスーパーマーケットなどの商店の大半が日曜日に閉まっているので、食料品などを土曜日に買わなくてはならないためだ。このため土曜日には、ストレスが増える。週休３日制の場合、金曜日にも食料品などの購入を済ませることができるので、土曜日のストレス時間も短くなる。

デジタルツールを使って、週休２日制で働く社員と週休３日制で働く社員のストレスの違いを数値化した調査はドイツで初めてであり、画期的な調査と言うことができる。

さらに研究チームは、デジタルウォッチによるデータを補強するために、社員の毛髪に残るストレス物質コルティゾールの量も分析した。週休３日制を実施した企業の社員の毛髪に残っていたコルティゾールの量は、週休２日制の企業で働く社員からの採取量よりも少なかった。

さらに**週休３日制の企業の社員は、１週間の睡眠時間が週休２日制の企業の社員よりも、平均38分長かったほか、１日の歩行距離も、週休２日制の企業の社員を上回った。１週間**

に3日休むことで自由時間が増え、散歩やジョギングなどの運動をする余裕ができたためだ。

これまで英国などで行われた実証実験では、「週休3日制の企業では、週休2日制の企業よりも病欠日数が少なくなった」という結果が報告されているが、バックマン教授の実験では、病欠日数の変化は見られなかった。

ただしバックマン教授は、**「週休3日制の企業では、社員の満足度が上昇した」と報告する。**研究チームは実験を開始する前に、社員たちにワークライフバランスに関する聞き取り調査を行った。その際に回答者の64%が、「家族と一緒に過ごす時間を増やしたい」と答えていた。この比率は、実験終了後には50%に減っていた。**多くの社員が、週休3日制によって、家族と共有する時間を増やすことができたと感じたからである。**

実験に参加した企業の74%が、「実証実験が終わった後も、今後も週休3日制についての試行錯誤を続けてみたい」と答えた。

企業経営者は猛反対

今回の調査結果については、批判も出ている。ドイツ連邦経営者連合会（ＢＤＡ）のシュテフェン・カンペーター事務局長は、「実験に参加した企業の数が少ないので、この調査結果をドイツ経済全体にあてはめることはできない」と述べた。ＢＤＡによると、国際競争にさらされている大企業は、研究チームに実験への参加を依頼されたが、あえて参加を断った。その理由は、現在の経済状態を考えると、週労働日を５日から４日に減らす余裕はないからだ。カンペーター事務局長は、「給料を減らさずに、週労働日を４日に減らすことは、事実上、給料を大幅に増やすことを意味する」と述べて、週休３日制の導入に反対する姿勢を示した。

確かに、この調査結果には、数値で表された改善点が少ない。週休３日制賛成派がしばしば主張する「労働生産性の改善」は数値で示されなかった。さらにこの調査の弱点は、参加企業が比較的規模が小さな企業に限られていたことだ。社員数が３００人に満たない企業では週休３日制を導入しやすいかもしれないが、社員数が数千人の大企業では、困難が多いと思われる。

ドイツで現在週休３日制を導入している企業は、少数派だ。ミュンヘンのｉｆｏ経済研究所が２０２４年７月５日に公表したアンケート結果によると、「週休３日制を実施して

図表5-2

設問「週休3日制を実施または計画していますか？

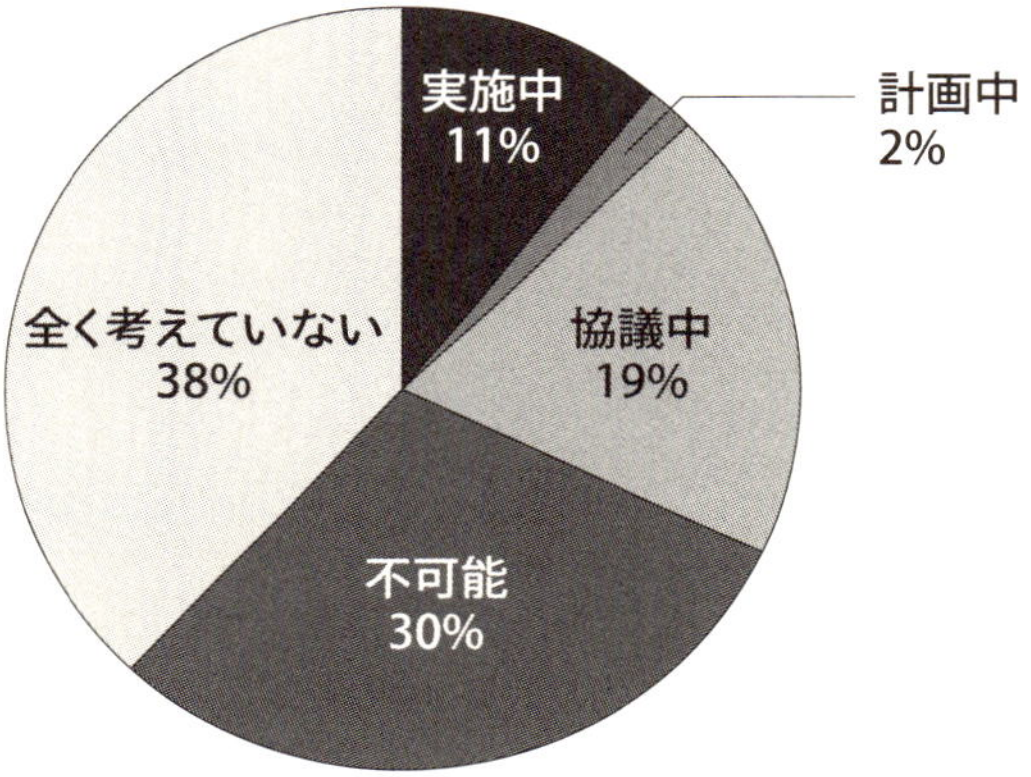

出所
ifo経済研究所　https://www.ifo.de/pressemitteilung/2024-07-05/randstad-ifo-umfrage-firmen-bieten-eine-vier-tage-woche

いる」と答えた企業は11％にすぎなかった。回答企業の19％が、「週休3日制を実施するべきかどうか、協議している」と答えた。これに対し回答企業の68％が「週休3日制の実施は不可能だ」または「全く考えていない」と答えた。週休3日制を実施している企業の51％では、社員たちが1週間の労働日数を5日から4日に減らすために、給料の減額を受け入れたという。**つまり社員の半分は、「収入よりも自由時間が欲しい」と考えているのだ。**

週休3日制について活発な議論

ただしミュンスター大学が公表した調査

結果は、ドイツのメディアによって大きく報じられた。その理由は、この国で週休３日制についての議論が激しく行われているからだ。

カールスルーエ工学研究所（ＫＩＴ）のフィリップ・フライ氏は、**「週休３日制は、ワークライフバランスを改善するので、社員のやる気を高める他、優秀な人材を採用しやすくなる。社員のストレスが減り、家族のための時間を取りやすくなる」**として、この制度を推奨している。

すでに週休３日制を部分的に始めている企業もある。たとえばラインラント・プファルツ州にある鉄鋼メーカー、テュッセンクルップ・ラッセルシュタイン社では、２０２４年４月１日から、シフト制の中で働く、年齢が56歳以上の労働者に対し、週の所定労働時間を35時間から、32時間もしくは31時間に減らすオプションを与えている。シフト制以外の労働者は、週の所定労働時間を最大32時間まで減らせる。31時間または32時間を選んだ労働者は、週休３日制に切り替えることができる。

ドイツの製造業などの産業別労組ＩＧメタルは、中長期的には、鉄鋼業界だけではなく、機械、電機など製造業界全体に週休３日制を要求することを検討している。

週休３日制には、２種類のモデルがある。第１のモデルでは、労働日を４日に減らしても週の所定労働時間を減らさない。働く日が4日に減っても、労働者は5日間働く時と同じ労働量を処理しなくてはならない。ドイツでは週の所定労働時間が業界ごとに異なる。たとえば週の所定労働時間が40時間の業界ならば、週休3日制に移行する場合、1日の所定労働時間が8時間から10時間に増える。この場合、週の所定労働時間は変わらないので、給料は減らない。

第2のモデルでは、週の労働日数を5日から4日に減らすだけではなく、週の所定労働時間も減らす。この場合給料は減る。5日間働く場合と同じ額の給料を払うケースもあり得るが、それはむしろ例外だ。

ドイツの就業者の間では、週休3日制を求める声が強い。同国のHDI保険会社が2022年に実施したアンケート調査によると、回答者の63%が「給料が減らないならば週休3日制に賛成だ」と答えた他、14%が「給料が減っても週休3日制を望む」と答えた。業種別に見ると、回答者の内「給料が減っても週休3日制に賛成だ」と答えた人の比率は、製造業界が24%と最も高かった。第二位はIT、通信業界（17%）と教師（17%）だった。

ドイツでは、ITや次世代半導体、量子コンピューター、AIなどについての技能やノウハウを持つ働き手をめぐる競争が激化している。企業は、高い給料やテレワークだけではなく、週休3日制をオファーすることで、優秀な人材の確保が容易になるかもしれない。

欧州各国が週休3日制を模索

ちなみに週休3日制についての模索が行われているのは、ドイツだけではない。ベルギーは2022年に、週休3日制を可能にする法律を施行させた。労働者は週の所定労働時間を、4日間に配分できるほか、給料を減らして週の所定労働時間を減らすことも可能だ。アイスランドは、2015年から週休3日制を試験的に導入しており、現在では就業者の90%が労働日や所定労働時間を減らしている。スペイン、英国、オーストラリア、アイルランドなどでも週休3日制に関する実験が行われている。

この内、英国で61社の企業が参加した実験では、**半年にわたって週休3日制を導入した結果、社員のモチベーションが高くなり、病欠で会社を休む人の数も減ったという。労働生産性の低下も見られなかった。**

一方では、週休3日制に懐疑的な意見もある。コブレンツ専門高等学校で経済学を教えているシュテファン・ゼル教授は、「もちろん労働者は、同じ給料をもらいながら、労働時間を減らすことを望むだろう。だが多くの業種では、労働日数を減らすことによって労働生産性を大きく引き上げることは難しいだろう。労働時間を20％減らしても給料を同額に保つだけの価値を生み出すことは、現実的ではない」と否定的な態度を見せている。

実際のビジネスの現場では、大幅な労働時間の短縮は容易なことではない。ミュンスター大学の実験は半年だけに限られていたが、仮に週休3日制が導入されて常態化した場合、3日間休むために、労働する4日間が以前よりも慌ただしくなり、社員へのプレッシャーが高まる恐れもある。つまり働く日の労働密度が高くなるのだ。

週休3日制が、人手不足に拍車をかける可能性もある。ドイツはデジタル化が米国や中国に比べると大幅に遅れているので、週休3日制を実現するには、まず労働プロセスのデジタル化に拍車をかけることによって、労働生産性を改善する必要があると思われる。

この国は労働時間をさらに減らして、GDPの水準を維持することができるのだろうか。労働生産性の向上が重要な課題になっている日本にとっても、ドイツでの週休3日制をめぐる議論に注目する必要がある。

第6章

日本でもできる、時短のためのヒント

日本とドイツには法律や社会保障制度、メンタリティーの違いがある。このため、ドイツで行われている時短の方法を100%日本に当てはめることは難しい。たとえば**ドイツの会社員たちが約30日の有給休暇を100%消化できること、1日の労働時間が10時間に制限されていること、病気や怪我で働けない時にも6週間まで給料が全額払われるのは、労働組合が長年にわたって政府や経営側と交渉を繰り返してきたからだ。**これらの労働条件は、第二次世界大戦後にドイツの労働組合が政府や経営者と根気強く交渉して得られた成果である。

これに対し日本の連合や、各企業の労働組合には、ドイツの組合ほどの強引さ、戦闘精神はない。私の眼には、日本のほとんどの労働組合は、経営側に取り込まれているように見える。「お客様に迷惑をかけてまで、ストライキをやってはならない」というのが、日本の労働者のメンタリティーだろう。顧客に忖度し、迷惑をかけないようにするのは、おもてなし大国日本の美徳の一つであり、安易にドイツ流の交渉態度を導入するのは難しいかもしれない。

だがドイツ人たちの働き方の中には、日本人が採用できるものもある。日本の職場に取り込んでも大きな摩擦を生まないものは、トライする価値があるのではないだろうか。

さらば属人主義！

前述のように、長期休暇を取ったり、1日の労働時間を10時間以内で抑えたりするためには、仕事が人につくのではなく、会社につくようにすることが前提だ。仕事が会社につくようにすれば、顧客は担当者が2～3週間の休暇を取っていても、他の同僚がきちんと対応してくれれば、怒らない。

ドイツでは、企業間の取引の中で人間関係が果たす役割が、日本ほど大きくない。あくまでも企業間の関係が中心だ。つまり仕事が個人ではなく、会社についているので、担当者が休暇のために不在でも日本ほど大きな問題にはならない。顧客も、「仕事は個人ではなく会社につくものだ」ということをよく理解している。

私は日本でもドイツでも、「余人をもって代え難い」という状況は、ほとんど存在しないことを学んだ。どんなに優秀な人材でも、その人がいないから企業が機能しなくなることはあり得ない。優秀な人が辞めても、企業は豊富な予算を持っているので、すぐに後任者を見つけることができる。

さらにドイツ企業では、社内規則の持つ比重が日本以上に重い。得意客に頼まれても、社内規則をまげることはできない。このため、個々の社員が社内の人間関係を利用して個人プレーを行う余地は比較的少ない。取締役から平社員まで、規則を遵守するのが全ての基本だ。したがって顧客の担当者に対する思い入れ、特に「長年付き合いのあるこの担当者ならば、無理を聞いてくれるだろう」という期待感は、日本に比べると希薄だ。社内規則の重視も、仕事が個人ではなく会社につくという、ドイツ企業の性格の一因である。

またドイツ企業では、雇用の流動性が日本よりも高い。社員が給料を引き上げたり、新しい業務を経験したりするために、自分から希望して別の部署へ転属したり、他の会社へ移ったりするのは日常茶飯事だ。このため、担当者が頻繁に変わる。担当者が変わっても、企業間の取引は続いていく。顧客にとっては、誰が担当者であるかではなく、会社がきちんと対応してくれることが重要なのだ。

仕事が会社についていれば、平社員は良心の呵責《かしゃく》や「仕事がなくなる」という不安に悩むことなく、2〜3週間の休暇を取ることができる。顧客は個々の社員とではなく、会社と取引をしているからだ。したがってドイツの顧客の間では、個々の担当者への感情移入は日本に比べると、少ない。みんながまとまった休みを取れる会社を作るには、属人主義と決別することが最初の一歩だ。その際には、顧客にも新しいルールを理解してもらうことが重要だ。「お客様への対応をこれまで以上にスムーズにして、回答に要する時間を減らすために、お客様には単独の担当者ではなく、同じチームに属する複数の社員が対応するという新しい決まりを作りました」という対外コミュニケーションを行えば、顧客も理解してくれるだろう。

長期休暇を取るには共有ファイル設置が第一歩

誰もが長期休暇を取れるようにするための第一歩は、仕事の抱え込みをやめることだ。仕事は自分のものではなく、会社のものなのだから、課の中で仕事を他の同僚と共有しよう。そのためには、**会社のITシステムのサーバーの中に、誰もがアクセスできる共有ファイルを作ることが重要だ。**担当者が休暇を取っていても、他の同僚がその顧客に関する全ての契約書や計算書、メールのやりとりなどを調べて、顧客の問い合わせに迅速に対応できるような仕組みを作らなくてはならない。

逆に言えば、こうした社内情報共有システムがなかったら、担当者が2週間休暇を取った時に、業務が滞ってしまう。顧客が怒って、取引量が減ったり取引を打ち切られたりするかもしれない。

仕事熱心な営業マンの中には、「他の同僚が、俺の顧客に関する資料を見ると、他の同僚が担当している顧客に機微な情報が漏れるかもしれない。だから、俺の顧客に関する資料は、誰にも見せない」と考えて、同僚に資料を見せたがらない人がいるかもしれない。

だが属人主義をやめるには、仕事を抱え込むことは禁物である。そのようなことをしていたら、自分が留守中に他の同僚に対応してもらうことができなくなるので、長期休暇を取ることは極めて難しくなる。長い休みを取りたかったら、「他の社員には、自分の顧客は担当させない」という縄張り意識を捨てよう。

ある顧客に関する情報を、他の顧客に伝えないことは基本中の基本である。そのような行為をした社員は、守秘義務に違反したことになり、ドイツでは即時解雇される。ドイツの企業で働くビジネスパーソンは全員、就職する時に、会社との間で雇用契約を結ぶ。雇用契約が定める義務の中には、業務上知り得た秘密を漏らさないという項目がある。雇用契約書に署名をするということは、その内容を守ることを誓約するのと同じことだ。したがって、自分の留守中に他の同僚が自分の顧客に関する情報を見ても、それが顧客の競争相手に漏れることを心配する必要はない。制裁措置が極めて厳しいので、就業規則に違反してクビになる危険を冒す人は滅多にいない。

デリケートな顧客情報を他の顧客の担当者にどうしても見て欲しくないと考えるならば、その顧客を担当する同僚の数を最小限にすればよい。

休みの時の「代理人」確保も重要

共有ファイルの作成とともに重要なことは、自分が休む時に代わりになってくれる同僚を決めることだ。自分の代理を務めてくれる同僚とは、休みが重ならないように、細かく打ち合わせをする。どうしても2人の休みが重なる時には、その日にオフィスにいる別の同僚に顧客対応を頼む。休んでいる社員に電話がかかってきたら、代理の同僚に自動的に電話が流れるように設定する。

顧客から急ぎの用件で電話がかかってきた時に、担当者だけでなく代理の同僚もオフィスにいないという事態は、絶対に避けなくてはならない。

私は1990年代の初めに、ファクスの使用説明書があるかどうかを聞くために、日本の大手企業のドイツ子会社に問い合わせの電話をしたことがある。するとドイツ人社員が電話口に出て「私はあなたの知りたいことについての、担当ではない」の一言で電話を切られ、不愉快な思いをしたことがある。この男は、「担当の部署に電話を回します」とすら言わなかった。「私はサービス砂漠に来たんだなあ」と強く感じた。

管理職には顧客対応システム構築の責任がある

ふつう**ドイツ企業の上司は、長期休暇を取っている平社員にメールや電話で連絡を取ることはできない。管理職以外の社員には、帰宅後や長期休暇中に会社のメールを読む義務はない。長期休暇の目的の一つは、会社のことを忘れてリフレッシュすることだ。**南国の砂浜で日光浴をしている時に会社のメールを読んでいたら、気分転換はできない。

もっとも管理職の中には、休暇中も会社のメールを読んでいる人が多い。平社員に比べると、彼らの給料は非常に高いので、休暇中に会社のメールを読むのは当然である。

管理職は、社員が長期休暇を取れるようにするための仕組みを作る責任がある。つまり担当者が2～3週間不在でも、顧客からの問い合わせに迅速に答えられるシステムを構築しなくてはならない。またドイツでは育休や病気療養、研修などで、長く職場を空ける社員も多いので、管理職にとっては人の手配が極めて重要な課題となる。繁忙期に人手が足りない時には、他の課から応援を頼むことが大切だ。そのためには、管理職は普段から他の部の管理職とネットワーキングを行い、良好な人間関係を作っておく必要がある。

休暇中には会社のメールを読まない

ＩＴ技術の発達によって、出張先から自社のクラウド・システムにログインして、書類を読んだり、会社のファイルに保存されたエクセルシートの内容を変更したりすることは当たり前になった。

しかし、せっかくの長期バカンス中に、旅行先でノートブック型ＰＣに向かって顧客対応をしていたら、気分転換などできない。仕事の時は仕事に、休暇の時は休暇に集中するべきだ。職場でのストレスから解放されて、心の健康を保つためには、会社からのメールは読まない方が良い。休みの間は、会社との縁を断って、自分が会社から離れても１人の人間であることを体感しよう。ドイツの大手企業の中には、平社員については午後５時以降、メールサーバーを停止する会社もある。つまり顧客も、午後5時以降はその社員にメールを送れないのだ。顧客は次の日の営業時間中に、メールを送り直さなくてはならない。

ドイツ人は労働時間が短く、休暇が長いせいもあり、自分を「社畜」と考える人はほとんどいない。大半の人は、「自分は会社で生活の糧を稼いでいるが、独立した人間だ」と考えている。そもそもドイツ語には、「社畜」という概念や言葉がない。

あるドイツ人会社員は、自宅で幼い子どもとゆっくり時間を過ごすために、3カ月間のサバティカル休暇を取った。この女性は、「休みの間、一度も会社のメールを読まなかった」と語った。自分が社畜ではなく、会社から独立した個人であることを体感するには、この割り切りが重要である。ちなみにこの人はサバティカルに入る前に、自分がふだん担当している顧客に対して「3カ月間休むので、問い合わせのメールは自分の代理の同僚に送ってほしい」と伝えていた。この人は、同僚の理解と支援を得られたから、3カ月休むことができた。つまり長期休暇を取る際にも、チームワークが必要なのだ。

社内メールはできるだけ少なく

社内のメールに関して、日独にはもう1つ大きな違いがある。ドイツで働いた経験がある読者の中には、「ドイツ人は日本人ほど細かく連絡してくれない」と不満を抱く人もいるだろう。メールを送っても無視する人すらいる。

それは、**彼らが社内連絡のために時間を取られるのを防ごうとしているからだ。1日に10時間しか働けないので、社内メールを書くことによって、他の重要な仕事ができなくなると困ると考えているのだ。**

一般的に日本では社内メールの数が、ドイツよりもはるかに多い。メールを1本読んで返事を書くには、少なくとも3分はかかるだろう。メールを1日に100本受け取り、その内半分に対して返事を書かなければならないとすると、その処理だけで150分、2時間半かかる。つまり社内メールは少なければ少ないほど良い。

読んでいないメールがたまると、重要な内容のメールを見過ごしたり、処理が遅れたりするという弊害もある。ドイツ人の中には、不必要な社内メールを書かないようにしている人が多い。メールの数を少なくすれば、会社のサーバーへの負担も減らせる。「メール節約」は、我々も見習うべきことだと思う。

日本の会社に就職すると、「報告・連絡・相談」を略した「報・連・相（ほうれんそう）」

を大事にするようにと教えられることがあるが、ドイツではそのようなことはない。ドイツにも重要な会議の前の根回しが全くないわけではないが、日本ほど長い時間は割かない。取締役から平社員まで、「1日の勤務時間は10時間まで」という意識を持っているからだ。この国では、仕事のプロセスではなく、限られた時間内で成果を生めるかどうかが、仕事の良し悪しを判断する上で、最も重要な物差しだ。いくら社内での連絡を密にしても、成果が生まれなかったら、上司からは全く評価されない。

日本の企業では管理職ではないのに1日に数百本のメールを受け取る「猛者」もいるようだが、**社会全体の労働生産性を引き上げるためにも、メールの数は極力減らすようにするべきだと思う。顧客などに対して礼を失しない範囲で、メールを短くすること、一番重要な内容だけを伝えることも大切だ。これは明日からでも始められる、身の回りからの「働き方改革」の1つである。**

ドイツ人のコミュニケーションが時々不十分であることは確かだが、社内連絡の少なさが労働生産性の引き上げに間接的につながることも、事実である。過剰な社内連絡は、労働生産性を低くすることを忘れてはならない。

生成ＡＩの活用で労働生産性アップ

日本でもそうだと思うが、生成ＡＩはオフィスワークでの生産性向上の鍵である。米国のChatGPTは、急速にドイツの職場に浸透しつつある。メール、文書のサマリー、会議の議事録、出張報告書、エクセルシートやパワーポイントの作成など、これまでかなり手間がかかった作業を機械にやらせることができる。

たとえばバイエルン州政府で働くある官僚は、「ミュンヘンを訪問中の、外国の中央銀行総裁とミーティングを行うことになった。しかし忙しくて、事前にミーティングのための資料を作る時間がなかった。そこでChatGPTに『この国の政治、経済、金融などに関するデータをまとめ、今この国の政界、経済界で何が重要なテーマになっているかを要約しろ』と命じて、ミーティング用資料を作らせた。機械が作ったその資料は、ミーティングで十分使えた」と話していた。

あるドイツ人の学生は大学に提出する学士論文を書いたが、何となく構成が気に入らなかったので、ChatGPTに推敲させた。すると、論文は自分が書いたものよりもはるかに読みやすくなった。

あるドイツ人は、勤めている文化機関が主催する催しについて、広報文をChatGPTに書かせた。上司から「大変よく書けたね」とほめられるほど、広報文の出来は良かった。

別の人は、ドイツからベトナムに行く旅行のスケジュールをChatGPTに作らせた。ChatGPTは旅費の見積もりやお勧めホテル、飛行機の離発着時間などを含む、詳細なスケジュールを瞬く間に完成させた。これらの事例が示すように、**生成AIを活用することはオフィスの仕事の生産性を確実に引き上げ、労働時間の短縮に貢献するだろう。**できあがった文書などの内容が間違っていないことを人間がチェックしてから使うならば、生成AIは効率化のための重要な武器となり得る。

スーパー時間管理のススメ

もう一つ、日本でも明日からできる「働き方改革」がある。ドイツでは1日に10時間しか働けないという前提があるので、この国のビジネスパーソンにとって最も重要なのは、タイム・マネジメント(時間管理)だ。**ドイツ流時間管理の第一歩は、重要度によって、**

やるべき仕事に優先順位（プライオリティー）をつけることだ。

午後9時、10時までダラダラ働くことはできないので、全ての仕事を1日でやり終えるのは、物理的に不可能だ。つまり、「今日1日をどの仕事に費やすか」についての、取捨選択が重要になる。

課題を取捨選択する際にまず重要なのは、仕事をリストアップすることだ。これはドイツのビジネスパーソンや公務員など、オフィスで働く人なら誰でも知っている「Wiedervorlage（ヴィーダーフォアラーゲ）」という、伝統的な手法だ。今日風に言うと、「To do List＝トゥー・ドゥー・リスト（やるべきことの一覧表）」である。

課題を書き出して「見える化」し、自分がどれだけの仕事を抱えているかの全体像を把握する。処理するべき課題の全体像が見えれば、まず自分の心へのプレッシャーが減る。

ドイツ人たちは1日の仕事を始める前に、このリストの中からその日の「一番重要な課題」を決めて、その達成に全力を集中する。その課題とは「今日中に、顧客向けパワーポイントを半分まで完成させる」でも「前の週の出張報告書を、今日中に書き終える」でも何でも良い。

その日の課題を忘れないように、マイクロソフトのアウトルックの予定表に打ち込んでおく人もいる。その日の最も重要な課題の達成に全力を集中する。顧客からの緊急の問い合わせや上司からの命令でない限り、他の業務は後回しにする。

その日の最も重要な課題をやり終えたら、アウトルックから消去する。こうすれば、仕事が徐々に片付いていくのが目に見えるので、気持ちが良い。「優先順位の低い仕事は翌日に回す」と割り切る。こういう働き方に切り替えると、その日の重要課題が終わればさっさと退社するのが当たり前になる。時間管理法を身に付けないと、1日10時間の勤務時間で課題を処理することはできない。

さらにドイツでは、自分が抱えている課題を一覧表に書き出して、1日10時間の労働で締め切り日までに終えられないと思ったら、「これは、無理です」と上司に率直に打ち明けるのが普通だ。締め切り日までに終えることが不可能である理由を、論理的に説明すれば上司は納得して、他の社員に課題の一部を回すなどの対策を取る。

上司の前で格好をつけることは禁物である。「上司に対し、締め切りまでに完成できませんと言うと、無能と見られるのではないか」と思って仕事を抱え込み、1日10時間を超える労働を行っても、ドイツでは全く評価されない。

1日の過ごし方を朝型に切り替えることも重要だ。朝7時には、オフィスにいる人はまだ少なく、上司や同僚からの問い合わせもない。十分睡眠をとった後は、頭の回転も速くなる。夜遅くまで残業をしていると、効率が悪くなる一方だ。**最も重要な仕事は午前中に片づけ、午後の時間は集中力を必要としない仕事に回すべきだ。**その日の課題が片付いたら、上司や同僚がオフィスにいても、さっさと退社して、次の日のための活力を養う。

勿論日本の企業では、課の全員が残っている時に、自分だけ退社すると妬みや摩擦が生じるかもしれない。それを防ぐために、**課長がイニシアチブを取って、「仕事が終わったら、いつまでもオフィスにいる必要はない」ということを全員に伝えることが重要だと思う。課長自身も、時には早く退社して模範となってほしい。**

成果主義の重視

我々日本人はどうしても、成果に至るまでの過程、特に頑張りを重視しがちだ。だがこれだけリモート技術が発展している今、**オフィスで長時間働くのではなく、テレワークを活用して「出来上がったもの」や成果を重視する方向に、企業全体を変えていくことも重要だと思う。**

労働のプロセス、どれだけ頑張ったかではなく、短い時間と少ない労力で生まれた結果を高く評価する習慣を広めるべきだ。そうした習慣が広まれば、労働時間の短さを尊ぶ気風が普及していくに違いない。

「ドイツの時短は、違う世界の話で、自分には関係ない」とあきらめずに、彼らのやり方の中から自分の会社生活に応用できるものを見つけて、明日から試してみるのはどうだろうか。

あとがき

私は「2023年のドイツの名目GDPが日本を抜いて世界第3位になり、日本は4位に転落した」というニュースを聞いて、とても意外に思った。ドイツは日本よりも人口が約30％少ない。しかも、我々日本人ほどあくせく働かない。夜遅くまで残業する人は滅多にいない。法律で禁じられているために、1日10時間以上働く人もほぼ皆無だ。北米、南米、アジア、オセアニアなど、どの国の観光地に行っても、ドイツ人に出会う。毎年2〜3週間の休暇を取ることが常識になっているからだ。

それに対し、日本では今も長時間労働が珍しくない。毎年2〜3週間の休暇を取る人は滅多にいない。せいぜい1週間が関の山だろう。残りの有給休暇は、病気になった時のためにとっておく。定年が過ぎても仕事を続ける人が多く、悠々自適の生活には程遠い。政府が鳴り物入りで始めた、「働き方改革」が大きな効果を上げているとは考えにくい。日独のワークライフバランスを比べると、ドイツに軍配を上げざるを得ない。

我々日本人が個人の自由な時間を犠牲にして、あくせく働いているのに、のんびり働くドイツ人たちに名目GDPでは抜かれてしまった。2023年のドイツのインフレと円安も作用しているとはいえ、私にはこの順位逆転は理不尽に思えた。身を削るようにして働いているのに、日本の賃金水準は過去30年に下がってしまった。日本の名目ＧＤＰは、近く新興国インドにも抜かれる見通しだ。ＳＮＳの世界には、「経済大国としての国富が十分に国民に還元されていない。バブル崩壊以降の日本の経済政策は正しかったのだろうか」という疑問の声が散見される。

私は、「身を粉にして働いても名目ＧＤＰでドイツに抜かれるということは、我々日本人の働き方にも問題があるのではないか」と感じた。つまり個人の時間を確保しながら働いて、国富を増やす方法があるのではないかという疑問だ。

私は２０２３年の日独間の名目ＧＤＰに関する順位逆転を、我々の働き方を変え、ライフワークバランスを改善するためのきっかけにするべきだと考えている。ドイツ人のやり方を１００％そのまま日本に移し替えることが難しくても、この国には、我々の働き方を改善するためのヒントがあるはずだ。「人生は一度しかない。会社の仕事だけが、人生ではない。人間は、いつ病気になったり、死んだりするかわからない。だから働くだけではなく、人生を楽しむことも重要だ」。ドイツ人たちは、そうした考え方を実践している。

１９９０年にドイツに来てから29冊目となるこの本が、皆さんのワークライフバランスを改善するために、少しでも役立つことを心から願う。
私に声をかけて下さり、本書を世に出して下さった、ぱる出版の原田陽平氏に心から感謝したい。

2024年12月

ミュンヘンにて　熊谷　徹

参考資料

国際通貨基金（ＩＭＦ）
https://www.imf.org/en/Publications/WEO

経済協力開発機構（ＯＥＣＤ）
https://data-explorer.oecd.org

ドイツ連邦統計局
https://www.destatis.de/DE/Home/_inhalt.html

ドイツ連邦経済気候保護省
https://www.bmwk.de/Navigation/DE/Home/home.html

ドイツ連邦労働社会保障省
https://www.bmas.de/DE/Startseite/start.html

ドイツ連邦健康省
https://www.bundesgesundheitsministerium.de/index.html

ｉｆｏ経済研究所
https://www.ifo.de/

エクスペディア
https://www.expedia.co.jp/stories/vacation-deprivation2023/

内閣府
https://www.cao.go.jp

厚生労働省
https://www.mhlw.go.jp/index.html

など

熊谷 徹（くまがい・とおる）
1959年東京生まれ。早稲田大学政経学部卒業後、NHKに入局。ワシントン支局勤務中に、ベルリンの壁崩壊、米ソ首脳会談などを取材。90年からはフリージャーナリストとしてドイツ・ミュンヘン市に在住。過去との対決、統一後のドイツの変化、欧州の政治・経済統合、安全保障問題、エネルギー・環境問題を中心に取材、執筆を続けている。
著書に『ドイツ人はなぜ、年収アップと環境対策を両立できるのか』『ドイツ人はなぜ、1年に150日休んでも仕事が回るのか』『ドイツ人はなぜ、年 290万円でも生活が「豊か」なのか』（以上、青春出版社）、『日本の製造業はIoT先進国ドイツに学べ』（洋泉社）など多数。『ドイツは過去とどう向き合ってきたか』（高文研）で2007年度平和・協同ジャーナリズム基金賞奨励賞受賞。

ホームページ　http://www.tkumagai.de
メールアドレス　Box_2@tkumagai.de
フェイスブック、Xでも実名で記事を公開中

GDPで日本《にほん》を超《こ》えた！
のんびり稼《かせ》ぐドイツ人の幸《しあわ》せな働《はたら》き方《かた》
長《なが》く休《やす》んで、短《みじか》く働《はたら》き、多《おお》く稼《かせ》ぐ。超時短国家《ちょうじたんこっか》の秘密《ひみつ》

2025年1月9日　初版発行

著　者　熊　谷　　徹
発行者　和　田　智　明
発行所　株式会社　ぱる出版

〒160-0011　東京都新宿区若葉1-9-16
03(3353)2835－代表
03(3353)2826－FAX
印刷・製本　中央精版印刷(株)
本書籍に関するお問い合わせ、ご連絡は下記にて承ります。
https://www.pal-pub.jp/contact

ISBN978-4-8272-1482-6　C0030